OS DESTINOS DO TRÁGICO
Arte, Vida, Pensamento

Douglas Garcia Alves Júnior (Org.)

OS DESTINOS DO TRÁGICO
Arte, Vida, Pensamento

Douglas Garcia Alves Júnior (Org.)

Ensaios

 **autêntica**

COPYRIGHT © 2007 BY OS AUTORES

PROJETO GRÁFICO DA CAPA: *Teco Souza*
PROJETO GRÁFICO DO MIOLO: *Patrícia De Michelis*
EDITORAÇÃO ELETRÔNICA: *Carolina Rocha*
REVISÃO: *Vera Lúcia de Simoni Castro*

Todos os direitos reservados pela Autêntica Editora.
Nenhuma parte desta publicação poderá ser reproduzida,
seja por meios mecânicos, eletrônicos, seja via cópia
xerográfica sem a autorização prévia da editora.

BELO HORIZONTE - SEDE
Rua Aimorés, 981, 8º andar . Funcionários
30140-071 . Belo Horizonte . MG
Tel: 55 (31) 3222 68 19
TELEVENDAS: 0800 283 13 22
www.autenticaeditora.com.br
e-mail: autentica@autenticaeditora.com.br

SÃO PAULO
Tel.: 55 (11) 6784 5710
e-mail: autentica-sp1@autenticaeditora.com.br

Universidade FUMEC
Faculdade de Ciências Humanas
Rua Cobre, 200 – Cruzeiro
30310-190 – Belo Horizonte – MG
Fone: (31) 3228-3090 – Fax: (31) 3281-3528
www.fch.fumec.br/fch/publicacoes/publicacoes.asp
e-mail: editora@fch.fumec.br

       Alves Júnior, Douglas Garcia
A474od   Os destinos do trágico: arte, vida, pensamento / organizado por
       Douglas Garcia Alves Júnior . — Belo Horizonte: Autêntica/FUMEC, 2007.
       152 p. (Coleção Ensaios - 1)

       ISBN:978-85-7526-275-7

       1.Filosofia-Ensaios. 2.Tragédia-história e crítica. I.Título.

       CDU 1:82-4

Ficha catalográfica elaborada por Rinaldo de Moura Faria – CRB6-1006

Sumário

Prefácio 7

Apresentação 9

A liquidação do trágico como aspecto do fim da arte
Rodrigo Duarte 13

A indústria cultural e a humilhação do trágico
Antônio Álvaro Soares Zuin 23

Kant trágico
Ricardo Barbosa 35

A permanência do trágico
Virginia Figueiredo 49

Sobre *O nascimento da tragédia*
Olímpio Pimenta 65

Tragédia e esclarecimento:
do crepúsculo dos deuses aos deuses do crepúsculo
Ricardo J. B. Bahia 73

O excedente trágico: filosofia, arte, psicanálise
Guilherme Massara Rocha 87

O trágico, a felicidade e a expressão
Douglas Garcia Alves Júnior 105

Was ist Zynismus?
Vladimir Safatle 125

Sobre os autores.. 147

PREFÁCIO

Nove autores, diferentes abordagens e um objetivo comum: enriquecer a bibliografia e, por conseguinte, o debate acadêmico sobre o conceito do "trágico" no pensamento ocidental. Assim pode ser resumida esta coletânea de artigos, apresentados em simpósio no ano passado e, agora, colocados à disposição de um amplo público por meio da parceria entre a Faculdade de Ciências Humanas da Universidade FUMEC (FCH/FUMEC) e a Autêntica Editora. *Os destinos do trágico: arte, vida, pensamento*, organizado por Douglas Garcia Alves Júnior, professor da Faculdade de 2002 a 2007, bebe na fonte de pensadores clássicos e contemporâneos para trazer à tona as diferentes variações do conceito e as maneiras como ele conforma as discussões atuais sobre o assunto.

O trágico no pensamento de Nietzsche, Adorno, Kant e outros é a matéria-prima das reflexões contidas no livro, seja por um viés filosófico, psicanalítico, seja por um viés pedagógico, literário. Entre os autores dos artigos aqui destacados, estão alguns dos mais conceituados pesquisadores do país em suas áreas. A presente coletânea prima pela diversidade, profundidade e qualidade das discussões, que inevitavelmente se tornarão referências no debate sobre o tema central do trabalho.

Os autores dos textos reunidos em *Os destinos do trágico: arte, vida, pensamento* participaram, em Belo Horizonte, em abril de 2006, do simpósio de mesmo nome. O evento foi realizado pelo Grupo de Pesquisa em Subjetividade e Cultura Contemporânea (GPESC), da FUMEC, e contou com o apoio dos cursos de Psicologia e Pedagogia e do Setor de Extensão da Universidade.

Registrar aquelas discussões e reproduzi-las em suporte acessível a todos os interessados no assunto é a intenção da FUMEC e da Autêntica Editora ao lançar o livro. Além do já mencionado objetivo de enriquecer o debate sobre o trágico, esta coletânea certamente estimulará novas reflexões acerca do tema, em diferentes áreas do conhecimento.

Profa. Thais Estevanato
Gestora-Geral da FCH/FUMEC

Prof. Eduardo Martins de Lima
Coordenador da Comissão Editorial da FCH/FUMEC

APRESENTAÇÃO

Esta coletânea, que ora é apresentada ao público, parte de uma convicção: é preciso estimular cada vez mais o debate não-dogmático e rigoroso sobre os sentidos vivos do trágico. Tragédia e trágico são termos que recobrem uma pluralidade de sentidos que remetem à tradição cultural do Ocidente. Se a tragédia designa um gênero literário – mas também um fenômeno político e religioso – bem delimitado, que floresceu no século V a.C. em Atenas, o trágico recobre um campo muito variado de acepções, na longa seqüência de "visitas à Grécia" que a tradição filosófica e literária empreendeu. Em comum a todas essas apropriações, a noção de trágico remete à própria definição – ou problematicidade da definição – do humano, da transcendência e finitude que se tensionam em espírito e natureza.

Tanto a Filosofia como a Psicanálise e as Ciências Humanas têm incorporado cada vez mais uma reflexão sobre o trágico e seus elementos: ambigüidade, incerteza, contingência, limites da ação e do pensamento, dificuldade de representação do histórico, disputas políticas sobre identidade e memória, impasses do reconhecimento ético das diferenças – a lista poderia prosseguir por vários outros aspectos que recobrem a complexidade da cultura contemporânea.

A bibliografia brasileira tem sido enriquecida com obras importantes sobre o trágico, entre as quais é preciso ressaltar a tradução de *Ensaio sobre o trágico*, livro de referência de Peter Szondi, bem como a pesquisa rigorosa de Roberto Machado, *O nascimento do trágico*,[1] que repertoria a questão da filosofia do trágico, de Schiller a Nietzsche. A pretensão desta coletânea é contribuir para a continuidade dos estudos e debates

---

[1] MACHADO, Roberto. *O nascimento do trágico:* de Schiller a Nietzsche. Rio de Janeiro: Jorge Zahar Editor, 2006; SZONDI, Peter. *Ensaio sobre o trágico.* Tradução de Pedro Süssekind. Rio de Janeiro: Jorge Zahar Editor, 2004.

sobre o trágico, e ela aposta na diversidade de perspectivas, o que é necessidade do próprio objeto, que extravasa o campo delimitado pelos estudos clássicos e percorre as numerosas apropriações que a tradição filosófica e literária ocidental fizeram da tragédia grega, como fenômeno inextricavelmente estético, político e antropológico.

Os textos aqui reunidos foram apresentados no simpósio *Os Destinos do Trágico: Arte, Vida, Pensamento*, realizado na Faculdade de Ciências Humanas da Universidade FUMEC, entre 24 e 26 de abril de 2006, promovido pelo "GPESC: Grupo de Pesquisa em Subjetividade e Cultura Contemporânea", evento apoiado pelas coordenações dos cursos de Psicologia e de Pedagogia e pelo Setor de Extensão da FUMEC.

A proposta do simpósio, que contou com alguns dos mais destacados pesquisadores do País nas áreas concernidas, foi a de estimular o debate sobre a dimensão trágica que se apresenta, hoje, tanto no plano da realidade social como na arte e no pensamento filosófico e psicanalítico. Estaríamos vivendo a celebração orgiástica de um retorno às origens trágicas da cultura, como quer uma certa leitura pós-moderna? Ou assistiríamos à limitação da experiência do trágico pelas artimanhas da indústria cultural, se pensarmos com Adorno? Precisamos de uma sabedoria trágica para viver, na acepção aberta por Nietzsche?

Dois ensaios sobre a temática do trágico na obra do filósofo Theodor W. Adorno (1903-1969) abrem a coletânea. Rodrigo Duarte trata da temática da "liquidação do trágico", recorrendo, para maior esclarecimento, às considerações de Nietzsche e de Lukács sobre a tragédia grega e suas ressonâncias na história da cultura ocidental. Antônio Álvaro Soares Zuin, por sua vez, reconstitui o caráter formador da tragédia grega, confrontando-o com o ambiente cultural contemporâneo, no qual o trágico é redimensionado por meio de uma sistemática administração do elemento passional e dos mecanismos de identificação da indústria cultural.

Os dois ensaios seguintes tratam da questão do trágico na filosofia alemã moderna e contemporânea, no arco discursivo que vai de Kant a Heidegger. Ricardo Barbosa aborda a dimensão trágica presente na filosofia de Kant, que encontra seu ponto de convergência na temática do sublime, na medida em que aponta para a não-identidade fundamental de natureza e liberdade, para a tensão permanente entre finitude e transcendência. Virginia Figueiredo defende a permanência do trágico, compreendido como pensamento de uma "poética da história", na via aberta por Hölderlin. Nessa perspectiva, ela analisa as leituras do trágico por Taminiaux (da qual se afasta, em parte) e de Lacoue-Labarthe, para pensar o trágico como uma "hiperbológica" da história, dotando-o de uma feição profundamente distinta das leituras dialéticas de Peter Szondi – desta vez, um trágico marcado pela irresolução e pelo paradoxo.

A filosofia de Nietzsche é o tema do ensaio de Olímpio Pimenta, que avalia a apropriação que a contemporaneidade poderá fazer da perspectiva nietzschiana do fenômeno trágico, balizada por uma concepção afirmativa da existência e por uma crítica da aliança repressiva entre moral e metafísica, que marcou grande parte da trajetória da civilização ocidental. Nietzsche também é a referência de Ricardo J. B. Bahia, que aborda o conceito de esclarecimento, de Adorno e Horkheimer, para refletir sobre a trama civilizacional na qual se deu a emergência da tragédia na Antigüidade grega, no influxo das transformações da *pólis* e da relação dos homens com o mito. Nesse percurso, Bahia articula as bases de uma pergunta pelo esvaziamento do trágico na contemporaneidade, como conseqüência das tendências do próprio esclarecimento.

Os dois ensaios seguintes desenvolvem uma reflexão a respeito dos laços que unem a elaboração estética, o pensamento do trágico e a experiência cultural contemporânea. Guilherme Massara aborda a noção de "efeito trágico", de Nicole Loraux, para questionar a implicação do desejo numa "função da causa", que caberia à arte resgatar, para além da compulsão ao gozo, antitrágica por excelência, que marca as sociedades contemporâneas. O ensaio de minha autoria aborda a interpretação de Beckett por Adorno, na busca por desenvolver uma noção de expressão que esclareça o significado do trágico para a arte e o pensamento contemporâneos.

Vladimir Safatle fecha a coletânea com um ensaio no qual aborda a questão do cinismo, comentando o livro de Peter Sloterdijk sobre a razão cínica, as considerações de Slavoj Zyzek sobre as novas configurações do funcionamento ideológico, bem como a discussão dos conceitos de intencionalidade e "background", nas teorias dos atos de fala, de Austin e Searle, e as teses de Agamben sobre o estado de exceção. Seu objetivo é a reflexão do cinismo como lógica social generalizada do capitalismo tardio. Trata-se de pensar um funcionamento da racionalidade normativa que não só permite, mas solicita a suspensão, no âmbito da sua aplicabilidade, de seus próprios critérios e valores, sem que seus fundamentos de validade sejam abalados. Safatle, de maneira engenhosa, desenha um destino pós-trágico da racionalidade contemporânea.

Agradeço todo o apoio prestado pela Universidade FUMEC para a realização do evento que está na origem deste livro, especialmente ao professor Emerson Tardieu, coordenador do Setor de Extensão e à professora

Audineta Alves de Carvalho de Castro, à época diretora da Faculdade de Ciências Humanas da FUMEC, que se empenharam seriamente para sua realização, e a Sra. Tânia Laurelli, pela sua valiosa efetivação das providências administrativas e operacionais que se fizeram necessárias. Agradeço também, de modo especial, ao professor Eduardo Martins de Lima, coordenador do Setor de Pós-Graduação e Pesquisa da Universidade FUMEC, pelo fomento inestimável ao processo de produção e divulgação da pesquisa gerada nessa universidade.

Belo Horizonte, março de 2007
Douglas Garcia Alves Júnior

A LIQUIDAÇÃO DO TRÁGICO COMO ASPECTO DO FIM DA ARTE

Rodrigo Duarte

No capítulo dedicado à crítica da indústria cultural em sua obra comum *Dialética do Esclarecimento*, Horkheimer e Adorno chamam a atenção para o fato de que a cultura de massas depende, até certo ponto, do procedimento "trágico", presente em muitas obras de arte autênticas desde a Antigüidade grega até o século XIX, no sentido de conferir a suas produções uma pseudo-seriedade e, com isso, ludibriar as massas carentes de referências culturais. Acontece que essa tragicidade postiça dos filmes e das *soap operas* deixa de realizar o trágico propriamente dito não apenas porque, nesse caso, nos encontramos diante de uma estratégia de cooptação das massas, mas também – e talvez principalmente – porque é evidente para os autores que a realização do verdadeiro trágico depende de uma substância subjetiva que está ameaçada de extinção numa época em que, apesar do crescente individualismo, quase não há mais sujeitos. Neste texto pretendo iniciar com uma rápida menção às posições sobre o desaparecimento ou a permanência do trágico e, em seguida, explorar a tese sobre o fim do trágico exposta na *Dialética do Esclarecimento*, relacionando-a também com obras posteriores de Adorno, como a *Teoria estética*, na qual ele discorre sobre o fim da arte como conseqüência da consolidação da cultura de massas.

SUICÍDIO OU SOBREVIDA DA TRAGÉDIA?

Uma vez que o escopo principal desta exposição é mostrar como a ascensão e o predomínio da cultura de massas leva ao fim do trágico, torna-se interessante levar em consideração tanto os pontos de vista teóricos para os quais a verdadeira tragédia (e sua esfera de influência) já tinha tido o seu fim ainda no século V a.C., quanto aqueles que acreditavam na permanência do elemento trágico até mesmo na época contemporânea. O principal exemplo da primeira posição encontra-se em *O nascimento da tragédia*, de Nietzsche, e o da segunda, consolida-se especialmente *Teoria do romance* de Georg Lukács, de redação apenas algumas décadas posterior àquela.

O nascimento da tragédia, de Nietzsche, é um texto em que o autor dá toda a ênfase possível a uma tese ao mesmo tempo genérica e imaginativa: os impulsos – naturalmente antagônicos – apolíneo e dionisíaco, que possuem enraizamento antropológico e até mesmo cosmológico, confluíram e se harmonizaram apenas na tragédia grega, conferindo à cultura ática uma grande originalidade e uma inédita densidade estética, que é assim descrita por Nietzsche: "... aqui se oferece a nosso olhar a sublime e admirada obra de arte da *tragédia ática* e do ditirambo dramático, como alvo comum de ambos impulsos, cujo misterioso matrimônio, depois de uma longa luta passada, se glorificou numa tal criança, que é ao mesmo tempo Antígona e Cassandra" (NIETZSCHE, 1980, p. 35).

Essa harmonia entre o elemento apolíneo, que representa a dimensão imagética, e o dionisíaco, o qual, de modo análogo, representa o âmbito sonoro (e também uma espécie de "irracionalidade", que lhe seria latente) é quebrada, quando, segundo Nietzsche, Sócrates (representando a racionalidade filosófica) e Eurípides (em nome de uma suposta renovação do gênero) procuraram suprimir o elemento dionisíaco por considerá-lo perigosamente irracional e instauraram o primado do discurso sobre a intuição. Com isso, eles teriam dado fim à singular experiência de uma existência social trágica, mas nem por isso menos plena e até mesmo feliz. Considerando que o fim da tragédia grega se deu, em parte, por um movimento interno ao seu próprio âmbito, Nietzsche chega mesmo a falar de um "suicídio":

> A tragédia grega pereceu de modo diferente do que muitos gêneros artísticos a ela irmanados: ela morreu por meio de suicídio, em virtude de um conflito insolúvel, portanto, trágico, enquanto todos os outros desapareceram com idade avançada, por uma morte das mais belas e tranqüilas. Quando ele é adequado a um feliz estado natural, com uma bela descendência e se separa da vida sem convulsões, assim se mostra o fim daqueles gêneros artísticos mais antigos como um desses felizes estados naturais: eles submergem lentamente e diante de seu olhar moribundo já se encontra seu belo rebento e, num gesto corajoso, ergue impacientemente a cabeça. Com a morte da tragédia grega, ao contrário, surgiu um enorme – generalizadamente sentido – vazio. (NIETZSCHE, 1980, p. 64)

É interessante observar que essa versão nietzscheana sobre o fim da tragédia na cultura grega clássica tem em vista a decadência cultural européia em finais do século XIX, o que a credencia como uma ilustre antecessora da crítica à indústria cultural de Horkheimer e Adorno, que será abordada adiante.

Por outro lado, cumpre também notar que, já no início do século XX – época dos primórdios da indústria cultural –, surgiu uma teoria de grande profundidade e teor crítico, que acreditava na permanência da tragédia, atribuindo o caráter de sintoma das grandes transformações histórico-econômicas que intensificavam a experiência de perda de sentido da vida a outros gêneros literários. Refiro-me à supramencionada *Teoria do romance*, de Georg Lukács, na qual o autor abordou as relações entre a epopéia e o romance – gênero que, segundo Nietzsche, seria caudatário do processo que deu fim à tragédia no ápice da cultura grega e acabou determinando o seu declínio (NIETZSCHE, 1980, p. 80).

A equação proposta pelo jovem Lukács considera a epopéia como uma narrativa típica de um mundo percebido como *fechado*, sem surpresas ou sobressaltos, para os partícipes da sociedade onde ela floresce. Em seu âmbito, percebe-se a natureza em sua plenitude como uma continuidade da sociedade humana e os deuses não são "sobrenaturais", mas estão perfeitamente integrados nesse *continuum* pleno de sentido e que, além de tudo, aparece ao gênero humano como sua morada mais imediata. O inegável teor crítico da posição de Lukács diz respeito ao advento do romance como o "epos" de uma sociedade em que a integração homem-natureza, explícita na narrativa épica originária, não existe mais e deu lugar à experiência radical da falta de sentido que começa nos primórdios da Idade Moderna e atinge o seu apogeu no início do século XX – época que nos interessa também como começo da cultura de massas. Para descrever essa situação de desencanto generalizado, Lukács usa o termo "segunda natureza", que tem um longo percurso na história da filosofia[1] e que adquire na *Filosofia do Direito*, de Hegel, o significado de uma alienação típica da sociedade civil-burguesa moderna (HEGEL, 1986, p. 301).

Sob esse aspecto, é curioso observar que, diante de um diagnóstico semelhante ao de Nietzsche sobre a decadência cultural do Ocidente,

---

[1] O registro mais antigo da "segunda natureza" remonta a Demócrito de Abdera, que nos seus provérbios fala da educação como segunda natureza. Ainda na filosofia antiga, há menções a esse termo na República de Platão, na Ética nicomaquéia de Aristóteles e nas Enéadas de Plotino com um sentido semelhante. Na Idade Moderna, a primeira menção da "segunda natureza" de que tenho notícia ocorre nos Pensamentos de Pascal, aparecendo também na Crítica da faculdade do juízo ("Analítica do Sublime") de Kant, na Enciclopédia e na Filosofia do Direito de Hegel e até mesmo nas Considerações Intempestivas de Nietzsche.

Lukács chega, como já se mencionou, a uma conclusão oposta sobre o destino da tragédia. Isso pode ser explicado pelo fato de que ele acredita que a tragédia pôde atravessar ilesa todas as vicissitudes da história humana, sendo que é na relação entre a epopéia e o romance que se expressa a referida transformação. Para ele, essa é uma relação de ruptura dialética já que o romance continua – numa situação de totalidade empírica rompida – a mesma imanência característica que a epopéia realizava num mundo fechado, no qual havia continuidade entre o sujeito e o seu objeto, entre a humanidade e a natureza: "A epopéia dá forma a uma totalidade de vida fechada a partir de si mesma, o romance busca descobrir e construir, pela forma, a totalidade oculta da vida" (LUKÁCS, 1987, p. 51). Já a tragédia sobreviveu, modificada, às transformações que encetaram o mundo dominado pela alienação da "segunda natureza", porque sua substância não se encontrava na existência imanente à vida, mas numa essência separada dela:

> Mas enquanto a imanência do sentido à vida naufraga irremediavelmente ao menor abalo das correlações transcendentais, a essência afastada da vida e estranha à vida é capaz de coroar-se com a própria existência, de maneira tal que essa consagração, por maiores que sejam as comoções, pode perder o brilho, mas jamais ser totalmente dissipada. Eis porque a tragédia, embora transformada, transpôs-se incólume em sua essência até nossos dias, ao passo que a epopéia teve de desaparecer e dar lugar a uma forma absolutamente nova, o romance.[2] (LUKÁCS, 1987, p. 32)

Esse ponto de vista, embora discordante da posição de Nietzsche sobre o fim do trágico, não deixa de estar no espírito do que virá a ser a crítica à indústria cultural de Horkheimer e Adorno, uma vez que a ausência de sentido no mundo dominado pela segunda natureza não apenas obriga a uma ruptura na expressão artística, que se traduz na passagem da epopéia ao romance, mas também pode levar este último a uma perigosa proximidade com fenômenos que, no início do século XX, já prefiguram a consolidação da cultura de massas: "O perigo que surge desse caráter fundamentalmente abstrato do romance já foi reconhecido como a transcendência rumo ao lírico ou dramático, ou como estreitamento da totalidade em idílio, ou por fim como o rebaixamento ao nível da mera literatura de entretenimento"[3] (LUKÁCS, 1987, p. 60-61).

---

[2] Na tradução brasileira. p. 39.

[3] Na tradução brasileira, p. 70.

O DESTINO DA TRAGÉDIA NO ÂMBITO DA INDÚSTRIA CULTURAL

Embora haja uma abordagem específica sobre destino da tragédia no capítulo sobre a indústria cultural da *Dialética do Esclarecimento*, seria interessante enfocar dois temas a ele relacionados, cuja discussão precede imediatamente o tema do trágico. O primeiro deles é a "catarse", relacionado, no âmbito da cultura de massas, àquele traço da mercadoria cultural que intensifica o seu "valor de uso", i.e., sua capacidade de, mediante estímulos cada vez mais feéricos, produzir uma espécie de purgação, semelhante ao efeito que Aristóteles atribuíra à tragédia grega.[4] Na *Dialética do Esclarecimento*, os autores associam o significado da *catarse* ao modo como a indústria cultural procede em relação à sexualidade, já que a palavra grega *kátharsis* possuía também o significado médico de "limpeza", "purificação", inclusive no sentido de que o ato sexual realiza um tipo de descarga das tensões nervosas represadas (PUENTE, 2002, p. 10-27). Se a catarse originária da tragédia grega dependia, para sua realização, da provocação no espectador de "temor e compaixão", no plano da indústria cultural ela ocorre apenas enquanto higiene espiritual pura e simples. De acordo com Adorno e Horkheimer,

> a fusão atual da cultura e do entretenimento não se realiza apenas como depravação da cultura, mas igualmente como espiritualização forçada da diversão. Nesse sentido, a diversão realiza a purificação das paixões que Aristóteles já atribuía à tragédia [...]. Assim como ocorreu com o estilo, a indústria cultural desvenda a verdade sobre a catarse. (HORKHEIMER; ADORNO, 1981, p. 166)

O outro tema, intimamente relacionado com a tragédia, que é abordado imediatamente antes dessa no texto sobre a indústria cultural, é o do "ser genérico". Esse termo era empregado pela esquerda hegeliana e pelo jovem Marx para designar um indivíduo que representa de modo inequívoco o gênero ao qual pertence. Por isso, o "ser genérico" é um elemento importante na constituição de uma situação verdadeiramente trágica, uma vez que é exatamente o valor exemplar das atitudes assumidas pelo herói que reconcilia o indivíduo com a totalidade. Essa reconciliação, como se sabe, passa pelo sacrifício de sua integridade física ou até de sua própria vida, situação em que o aparecimento do "temor e da compaixão" no espectador efetua a supramencionada purgação no seu espírito, predispondo-o, entre outras coisas, para uma atitude que favorecia ao tipo de sociabilidade praticada na Grécia Antiga.

---

[4] ARISTÓTELES, *Poética*, 1449b, 27.

Como ficará claro, a seguir, a impossibilidade de ocorrer no âmbito da indústria cultural uma *catarse* no seu sentido próprio, liga-se, de acordo com Adorno e Horkheimer, à impossibilidade do autêntico trágico, na medida em que a cultura de massas não apenas desqualifica o sujeito num sentido enfático, como também mina as condições para o seu aparecimento e desenvolvimento. Quando os autores afirmam que a "Indústria cultural realizou maldosamente o homem como ser genérico" (HORKHEIMER; ADORNO, 1981, p. 168), eles querem dizer que o ser genérico, em vez de se realizar a partir da constituição do indivíduo, resulta de um processo de massificação, no qual não pode haver a aludida representação do gênero por parte do indivíduo porque mesmo a sua idéia perde totalmente o sentido:

> A *starlet* deve simbolizar a empregada de escritório, mas de tal sorte que, diferentemente da verdadeira, o grande vestido de noite já parece talhado para ela. Assim, ela fixa para a espectadora, não apenas a possibilidade de também vir a se mostrar na tela, mas ainda mais enfaticamente a distância entre elas. [...] A semelhança perfeita é a diferença absoluta. A identidade do gênero proíbe a dos casos. (HORKHEIMER; ADORNO, 1981, p. 167-168)

Levando em consideração sua possível utilização para fins de coesão social nas Cidades-Estado gregas, Horkheimer e Adorno vêem certa continuidade entre a tragédia e os produtos da indústria cultural, ressalvando, no entanto, que o que na primeira liga-se a uma função social explícita, mediada por um processo de sublimação, nos últimos faz parte de uma estratégia de dominação e de aprisionamento das consciências apenas com objetivos de manutenção do *status quo*, sem qualquer ganho em termos éticos e/ou estéticos. Mas as diferenças entre um e outro fenômeno são, na verdade, muito maiores do que, à primeira vista, se pode supor, pois, mesmo não se podendo, na Grécia Antiga, falar de uma subjetividade no sentido moderno do termo, a categoria do trágico pressupõe a existência de um indivíduo, que coincide com o próprio herói trágico, para o qual o curso dos acontecimentos não é de modo algum indiferente, sendo que a força da tragédia advém exatamente do dilaceramento, na consciência desse indivíduo, ocasionado por peripécias sobre as quais ele não tem o menor controle.

Além da perda de substancialidade do sujeito, outra dificuldade para a realização do trágico no âmbito da indústria cultural é sua clara intenção de anestesiar o espectador, de modo que não haja mais lugar para a *experiência* do sofrimento e, de modo especial, para sua expressão. É importante lembrar que essa experiência, desde a Antigüidade clássica, era tida como purificadora, no sentido próprio da *kátharsis* que se assinalou acima. Na indústria cultural, a experiência do sofrimento é substituída por um tipo de entorpecimento que deve auxiliar na superação das dificuldades: "Muito longe de simplesmente encobrir o sofrimento sob o véu de uma camaradagem improvisada, a indústria cultural põe toda a honra da firma em encará-lo virilmente nos olhos e admiti-lo com um fleuma difícil de manter" (HORKHEIMER; ADORNO, 1981, p. 174).

Tendo em vista essa atitude de banalização do sofrimento e da supressão de possibilidade de sua expressão estética, Adorno e Horkheimer indicam a completa deturpação do trágico pela indústria cultural, a qual ocorre mediante uma relação parasitária para com a arte autêntica, que, em conformidade com o supramencionado ponto de vista do jovem Lukács, poderia ainda haver uma sobrevida da substância verdadeiramente trágica. Segundo os autores, em que pese a aludida despotencialização do sofrimento, torna-se necessária uma caricatura da tragédia para preencher o enorme vazio de conteúdo que, forçosamente, faz parte das mercadorias culturais:

> A mentira não recua diante do trágico. Assim como a sociedade total não dá cabo do sofrimento de seus integrantes, apenas o registra e planeja, do mesmo modo a cultura de massa procede com o trágico. Daí vêm os insistentes empréstimos à arte. Ela fornece a substância trágica que a pura diversão não pode por si só trazer, mas da qual ela precisa, se quiser se manter fiel de uma ou de outra maneira ao princípio da reprodução exata do fenômeno. (HORKHEIMER; ADORNO, 1981, p. 174)

Dessa forma, o trágico, de "resistência desesperada à ameaça mítica" que era, fica reduzido à "ameaça da destruição de quem não coopera" (p. 174-175), querendo isso dizer que o terrível destino do herói trágico é traduzido em termos de um "aviso" para aqueles que possuem comportamento desviante em relação ao estabelecido pelo *status quo*, de um modo que invalida inteiramente a *hybris* do herói como uma *transgressão* absolutamente necessária. Desse modo fica mais do que evidente a relação supra-estabelecida entre a liquidação do trágico e o processo de totalização social, o qual pode, aliás, culminar com a pura e simples eliminação do indivíduo, numa situação em que,

> todos podem ser como a sociedade todo-poderosa, todos podem se tornar felizes, desde que se entreguem de corpo e alma, desde que renunciem à pretensão de felicidade [...]. Hoje o trágico dissolveu-se neste nada que é a falsa identidade da sociedade e do sujeito, cujo

horror ainda se pode divisar fugidiamente na aparência nula do trágico. (p. 176-177)

É exatamente essa "Pseudo-individualidade", que elimina a possibilidade de os indivíduos se tornarem sujeitos, fazendo-os "meras encruzilhadas das tendências do universal" (p. 178), que torna possível reintegrá-los completamente na universalidade, que, longe de ser aquela do espírito reconciliado é um outro termo para designar a pura e simples opressão.

É interessante observar que Adorno retomou o tema do trágico em escritos posteriores de estética, sendo que o pano de fundo histórico para sua afirmação sobre a impossibilidade do trágico na *Teoria estética*, por exemplo, é o mesmo que o da *Dialética do Esclarecimento*, a saber, a degeneração estética contemporânea em virtude do predomínio da indústria cultural. Num trecho muito eloqüente, Adorno recoloca a idéia, introduzida no texto sobre a indústria cultural, segundo a qual o trágico nessa esfera reduz-se ao "getting into trouble and out again" (HORKHEIMER; ADORNO, 1981, p. 175) das operetas centro-européias em termos de uma banalidade tal que acaba por golpeá-lo mortalmente:

> Uma vez que a vulgaridade estética imita de modo não-dialético as invariantes da degradação social, ela não possui qualquer história; os grafites celebram seu eterno retorno. Nenhuma matéria deveria em qualquer circunstância ser tornada tabu pela arte; a vulgaridade é uma relação para com as matérias e aqueles aos quais se apela. Sua expansão para se tornar total engoliu entrementes aquilo que se apresenta como nobre e sublime: uma das razões para a liquidação do trágico. Na conclusão do segundo ato da opereta de Budapeste ele se acabou. (ADORNO, 1990, p. 357)

Mas o ponto de vista da obra póstuma de Adorno é muito mais relacionado com as imensas dificuldades da criação artística na contemporaneidade, que, no limite, apontam para a possibilidade do puro e simples fim da arte, com cuja menção a *Teoria estética* se inicia: "Tornouse óbvio que nada mais que diz respeito à arte é óbvio, nem nela mesma, nem em sua relação com o todo, nem mesmo no seu direito de existência" (ADORNO, 1990, p. 9). Nesse sentido, a arte séria compartilha da mesma sorte reservada ao trágico no "mundo administrado", como, aliás está dito no trecho que se segue:

> Que se recorde a categoria do trágico. Ela parece o vestígio estético do mal e da morte, ativa enquanto esses também estiverem. Apesar

disso, ela não é mais possível. Aquilo em que um dia o pedantismo dos estetas sofregamente distinguiu o trágico do triste, torna-se um juízo sobre aquele: a afirmação da morte; a idéia de que na decadência do finito brilharia o infinito; o sentido do sofrimento. Sem qualquer direito garantido, as obras de arte negativas parodiam hoje o trágico. Só enquanto trágica toda arte é triste, principalmente aquela que parece ser leve e harmônica. (ADORNO, 1990, p. 49)

Naturalmente, essa vinculação do destino do trágico ao próprio destino da arte, como já se sugeriu, tem diretamente a ver com o fato de que o cenário estético é inteiramente dominado pela indústria cultural. Cumpre observar ainda que na *Teoria Estética* há passagens extremamente elucidativas sobre o âmbito do trágico, que, não raro, lançam retrospectivamente luz sobre idéias que, na *Dialética do Esclarecimento*, estavam ou apenas implícitas ou simplesmente careciam de maior explicação. Na impossibilidade de me alongar mais, menciono aqui apenas uma dessas passagens, a qual diz respeito ao caráter potencialmente emancipador da tragédia, apesar de seu relativo comprometimento ideológico, explicitando ainda o caráter incipiente da subjetividade em seu âmbito, sem o que a afirmação da impossibilidade do trágico na contemporaneidade, em função da quase inexistência de sujeitos propriamente ditos, torna-se ininteligível. A esse respeito, declara Adorno:

> Háverá pouco que discutir sobre em que medida a tragédia ática, inclusive a euripidiana tomou partido nos violentos conflitos sociais da época. Entretanto, o direcionamento tendencial da forma trágica diante das matérias míticas, a quebra do encanto do destino e o nascimento da subjetividade testemunham tanto a emancipação social para com as relações feudais familiares quanto, na colisão entre a norma mítica e a subjetividade, para com o antagonismo entre a dominação ligada ao destino e a humanidade despertando para a maioridade. (ADORNO, 1990, p. 344-345)

REFERÊNCIAS

ADORNO, Theodor. *Ästhetische Theorie*. Frankfurt am Main: Suhrkamp, 1990, p. 357.

ARISTÓTELES. *Poética*. Tradução de Eudoro de Souza. São Paulo: Ars Poética, 1993.

HEGEL, G.W.F. *Grundlinien der Philosophie des Rechts*. Frankfurt am Main: Suhrkamp, 1986, p. 301.

HORKHEIMER, Max; ADORNO, Theodor. *Dialektik der Aufklärung.* Frankfurt am Main: Suhrkamp, 1981, p. 166.

LUKÁCS, Georg. *Die Theorie des Romans.* Darmstad/Neuwied: Luchterhand, 1987, p. 51.

LUKÁCS, Georg. *A teoria do romance.* Tradução brasileira de José Marcos Mariani de Macedo. São Paulo: Livraria Duas Cidades/Editora 34, 2000, p. 60.

NIETZSCHE, Friedrich. Die Geburt der Tragödie. In: *Werke I*, Frankfurt am Main/Berlim/Viena, Ulstein, 1980, p. 35.

PUENTE, Fernando Rey. A kátharsis em Platão e Aristóteles. In: DUARTE, Rodrigo *et allii*. *Kátharsis – Reflexos de um conceito estético.* Belo Horizonte: C/Arte, 2002, p. 10-27.

A INDÚSTRIA CULTURAL E A HUMILHAÇÃO DO TRÁGICO

Antônio Álvaro Soares Zuin

A platéia grita e vibra diante da informação ansiosamente aguardada sobre o resultado de DNA, cujos pretensos pais discutem e expõem publicamente tanto suas dúvidas sobre a paternidade da criança disputada quanto sua própria miséria. É difícil discernir a voz do apresentador ou da apresentadora do programa de televisão em meio aos apupos generalizados daqueles que têm a oportunidade de dar vazão à sua própria sensação de mal-estar. Não é obra do acaso o fato de que tais programas de auditório sejam sucessos de audiência de emissoras de televisão de vários países do mundo, tais como Brasil, Estados Unidos e Alemanha.

É verdade que, principalmente em nosso país, muitas pessoas que se submetem a tal humilhação não dispõem de recursos financeiros que as capacitem obter os dados genéticos sobre a paternidade em clínicas particulares, porém, há um algo mais que não pode ser desconsiderado e que concerne à possibilidade da exposição pública da miséria. A mesma miséria que jamais pode ser assumida em pequenos coletivos, pois quem procede dessa maneira e confessa suas fraquezas corre o risco de ser eliminado tanto do posto de trabalho quanto da relação íntima. E tal ambigüidade da relação entre o público e o privado pode suscitar a reflexão sobre qual seria o sentido atual do trágico em meio à sociedade da indústria cultural hegemônica. Sendo assim, tem-se o objetivo, neste artigo, de argumentar que a exposição pública da tragédia necessita ser contextualizada historicamente, sobretudo pelo fato de que as atuais transformações da indústria cultural promovem uma metamorfose estética que redimensiona o próprio sentido do trágico.

A TRAGÉDIA GREGA COMPREENDIDA COMO PAIDÉIA

De acordo com as asserções de pesquisadores dos costumes da Grécia antiga, a população se exaltava e demonstrava uma miríade de reações correlatas a sentimentos de frustração, ódio, terror e piedade diante dos infortúnios dos heróis trágicos, os quais eram apresentados nas peças de teatro. As festas teatrais do século V antes de Cristo eram prestigiadas não só pelos pobres, como também pelas mulheres, pelos escravos e pelos estrangeiros. A despeito, porém, das diferenças de classe, nota-se a presença de uma catarse coletiva que permite ao espectador identificar, na tragédia do herói, a irredutibilidade de uma determinada situação que se encontra além de suas forças, de tal modo que o "espectador em vez de sair da representação rompido, destruído, sai dela revigorado: é a *kátharsis*. De repente, o que era absurdo, ruído e furor, torna-se claro e compreensível pelo fato da transposição, da expressão estética" (VERNANT, 2002, p. 349).

É a expressão estética que se transforma no esteio da comiseração coletiva. E a mímesis de um determinado comportamento que provoca a reação de terror e de piedade da platéia não pode ser exclusivamente associada à catarse, que privilegia o prazer da sensação de se ter um alívio do tipo fisiológico. A verdade de que a catarse proporciona tal alívio não pode dirimir uma conotação moral que também se manifesta. Se Aristóteles, na sua obra *Política*, afirmou a importância de se precaver contra o efeito deletério que o som da flauta estimula, na medida em que apenas excita o *sensorium* ao invés de privilegiar o desenvolvimento da instrução (ARISTÓTELES, 1988, p. 280), é o próprio filósofo estagirita que admite a relevância da catarse que incita o recrudescimento de uma agradável sensação de alívio, de um tipo de prazer sadio aos homens, o qual, por sua vez, advém de melodias e harmonias de efeito moral e que, portanto, educam (ARISTÓTELES, 1988, p. 284). Já na *Poética* (ARISTÓTELES, 1991, p. 205), Aristóteles observa a importância da catarse quando a relaciona com a própria tragédia:

> É, pois, a tragédia imitação de uma ação de caráter elevado, completa e certa extensão, em linguagem ornamentada e com várias espécies de ornamentos distribuídas pelas diversas partes (do drama), (imitação que se efetua), não por narrativa, mas mediante atores, e que, suscitando o "terror e piedade", tem por efeito a purificação das emoções.

A posição ambígua de Aristóteles talvez tenha suscitado a polêmica posterior sobre o sentido do conceito de catarse mais em decorrência da complexidade do seu significado do que em virtude de algum tipo de equívoco feito pela interpretação aristotélica desse conceito. Se algumas interpretações posteriores a Aristóteles enfatizam, em certos momentos, o aspecto como que fisiológico da catarse, não se pode, por outro lado, desconsiderar a sua dimensão de caráter moral. Ao comparar as posições de Platão e Aristóteles sobre o significado da arte e do papel da catarse na sua produção, Reale (2000, p. 139s) afirma que:

> de acordo com estas passagens (da *Política* e da *Poética*) conclui-se que a "catarse poética" não é certamente uma purificação de caráter moral [...], mas também não pode ser reduzida a um fato puramente fisiológico. É provável, contudo, que Aristóteles visse na prazerosa "liberação" proporcionada pela arte qualquer coisa de análogo àquilo que hoje chamamos de "prazer estético". Platão tinha condenado a arte, entre outras coisas, por promover a libertação de sentimentos e de emoções, enfraquecendo o elemento racional que a domina. Aristóteles inverte exatamente a interpretação platônica: a arte não nos carrega, mas sim descarrega nossa emotividade. E este tipo de emoção que a arte provoca não nos prejudica, mas sim nos cura.

De fato, esse prazer estético, usufruído pela platéia das festas teatrais, não pode ser limitado a uma reação fisiológica, pois há também um componente racional que não pode ser desprezado, ao menos na perspectiva de análise aristotélica. Seguindo essa linha de raciocínio, talvez não fosse exagerada a assertiva de que a tragédia grega poderia também ser compreendida como Paidéia, uma vez que estimularia o processo educacional/formativo ao proporcionar o alívio da descarga emocional acompanhado da reflexão sobre os dramas expostos pelos atores. Os elementos constituintes de tais dramas não se restringiam aos desígnios dolorosos de uma determinada personagem, mas transcendiam o particular ao expressar conflitos relativos aos dilemas da condição humana, os quais, por sua vez, se objetivavam no comportamento dos atores que compunham o elenco das peças. Compreende-se a ojeriza de Platão em relação ao teatro, pois ele sabia do poder de sedução engendrado pela representação desses conflitos. Ele tinha consciência do modo como as pessoas poderiam ser arrebatadas pela força mimética dos simulacros teatrais, a ponto de se correr o risco do riso nervoso de identificação com o drama trágico encenado se tornar hegemônico em relação ao processo de reflexão. A ficção teatral precisaria ser abolida ante o pavor da possibilidade de esfacelamento do *cogito*. A aposta do filósofo ateniense era a de que a filosofia poderia desempenhar o papel de fio condutor das diretrizes do pensamento com muito mais proveito do que os percalços tortuosos percorridos pela tragédia.

Mas a ênfase atribuída ao pensamento não pode arrefecer a advertência de Nietzsche de que a memória vem da dor (NIETZSCHE, 1998, p.

50), pois se certos dramas trágicos ultrapassaram as fronteiras temporais é porque tocaram, e essa é exatamente a palavra que pode ser empregada nesse caso, em algo demasiadamente humano. E uma das principais obras que retratam a sobrevivência de tais dramas e conflitos humanos é o *Rei Édipo*, de Sófocles.

É verdade que a tragédia de Édipo pode ser identificada como um meio que um determinado grupo humano escolheu para representar suas características a outros grupos, mas também pode ser destacado como um modo do passado se presentificar, pois se trata de "um passado que continua levantando uma questão" (VERNANT, 2002, p. 363). A tragédia do filho que pratica o parricídio e o incesto permanece atual porque presentifica não só o desejo de concretizá-los, como também o terror e a piedade, duas características fundamentais do tecido trágico que transcendem seu próprio tempo. Não obstante esse fato, o drama de Édipo aterroriza principalmente porque rompe com os dois principais tabus psicossociais da civilização ocidental: o incesto e o parricídio.

Mas a questão que intriga é o porquê da existência da piedade, já observada por Aristóteles quando destacou o *Rei Édipo* como a mais bela de todas as formas de reconhecimento trágico, por provocar exatamente a confluência do terror com a piedade (ARISTÓTELES, 1991, p. 211). A sua existência não pode ser explicada pelo fato de que os espectadores sabem de antemão os crimes cometidos por Édipo. Numa leitura psicossocial, a peça teatral espicaça o aparecimento da piedade porque fornece condições propícias para a realização de um processo de identificação masoquista com as desventuras de Édipo. Compadecemos-nos com Édipo porque seu drama é também nosso drama, seu sofrimento é também o nosso. E é justamente a piedade que auxilia o desenvolvimento do processo de presentificação da tragédia edipiana, pois se trata de um sentimento moral, a exemplo da vergonha, seu correlato nada ocasional. A piedade e a vergonha encontram um terreno profícuo para laçar seus alicerces na medida em que as preocupações com as conseqüências que determinados comportamentos possam ter em relação aos outros se tornam predominantes. Freud foi bastante feliz ao iluminar, no *Mal-Estar na Civilização*, a infelicidade decorrente do preço que se paga pela afirmação da consciência moral. De todo modo, Nietzsche (1992, p. 17) já observara que, por detrás do culto grego ao belo, se ocultavam gostos não tão palatáveis. Ao dissertar sobre as origens da tragédia, o filósofo alemão afirmou o seguinte:

> Uma questão fundamental é a relação dos gregos com a dor, seu alto grau de sensibilidade [...], aquela questão de se realmente o seu

cada vez mais forte *anseio de beleza*, de festas, de divertimentos, de novos cultos brotou da carência, da privação, da melancolia, da dor [...] E se os gregos tivessem, precisamente em meio à riqueza de sua juventude a vontade *para* o trágico e fossem pessimistas?

Não é possível precisar se Nietzsche estava absolutamente certo na elaboração de seu diagnóstico da origem da tragédia, embora não se possa simplesmente desconsiderar a força da interpretação que identifica, por detrás do anseio de beleza, sentimentos de privação, de dor e de melancolia. Nessa perspectiva de análise, talvez fosse correta a observação de Vernant (2002, p. 372) de que Édipo pode ser definido como o herói trágico exemplar, pois se trata de um herói duplo, dilacerado e problemático. Por detrás de toda suntuosidade projetada na figura do rei herói de Tebas que decifrou o enigma da esfinge, há o tormento do conflito de desejos, concernentes ao rompimento de tabus, que não podem ser atribuídos exclusivamente aos mandos e desmandos dos deuses, pois dizem respeito não só à figura de Édipo, como também aos impasses da própria condição humana.

É por isso que, como bem notou Vernant (2002, p. 366), faz cada vez mais sentido a procura de respostas a questões tais como: "Qual é a responsabilidade dos deuses na forma como os homens agem? Qual é, naquilo que chamamos de falta, a responsabilidade do indivíduo, o que ele pode assumir totalmente, e aquela que pertence à sua família, a uma espécie de culpabilidade arrasadora?". São os esboços da construção da individualidade que vão sendo delineados. O ser humano, na condição de agente, gradativamente se depara com questões que o auxiliam a delimitar, de forma cada vez mais apurada, seu campo de ação, de tal modo que as linhas tênues e fronteiriças que definem os limites entre o exercício de suas ações e as imposições divinas ganham contornos mais definidos. É técnica irônica, empregada na tragédia (JAPP, 1983, p. 66), que contribui para o progresso do esclarecimento de tais limites de ação, ao promover o desenrolar das relações dialógicas entre as "personagens" envolvidas na trama teatral. De acordo com Vernant (2002, p. 371s), na técnica empregada na peça trágica,

> cria-se um jogo entre aquele que fala, o coro que exprime uma ação global e muito afetiva ao que está ouvindo, ao que está vendo, e o expectador que é exterior a todos e cuja articulação compara...Os discursos de cada um ao mesmo tempo se opõem e se interpenetram, fazem parte de um sistema único em que, por conseguinte, existem cruzamentos, flutuações, reviravoltas de uma linguagem a outra, que fazem com que cada língua adote um sentido diferente daquele que lhe é dado por quem está falando.

Quando ocorre tal cruzamento entre as linguagens de todas essas "personagens", o gozo da sensação de alívio, observada por Aristóteles, de caráter como que fisiológico, encontra reciprocidade com a elaboração racional dos envolvidos na trama, o que seria o ápice, dezenas de séculos depois, do processo de ab-reação psicanalítico. É nesse momento que o prazer estético, decorrente da proximidade passível de ser realizada entre o alívio e o *cogito*, revela-se fator decisivo para a conversão da tragédia como processo educacional/formativo. A magistral exposição do horror na peça trágica estimula a troca de experiências entre os envolvidos na trama, bem como o compartilhar da percepção de que os conflitos vividos por Édipo transcendem a sua própria figura e se metamorfoseiam em dilemas edipianos coletivos. As concretizações do parricídio e do incesto são percebidas como tabus que fazem parte da construção e da definição tanto daquilo que se entende como condição humana quanto da noção de indivíduo civilizado, com todas as dores envolvidas na construção de tais processos. É nesse sentido que a tragédia grega pode ser caracterizada como Paidéia, pois instiga o aprimoramento das relações dialógicas e, portanto, da identificação de determinados parâmetros comportamentais coletivos. As festas teatrais gregas eram espaços nos quais as aporias entre o desejo e os interditos sociais poderiam ser discutidas publicamente, engendrando, dessa forma, um alento para que a ambigüidade dos desejos pudesse ser assumida e repensada. Portanto, a tragédia como processo educacional/formativo promove a exposição e o debate coletivo das contradições que compõem os tecidos da condição humana. E se na Grécia antiga tal exposição possibilitava também o recrudescimento do processo educacional/formativo, como poderíamos pensar a atualidade do trágico no contexto da indústria cultural hegemônica? Serão desenvolvidas, a seguir, algumas ponderações sobre tal questão.

A INDÚSTRIA CULTURAL E A BANALIZAÇÃO DO TRÁGICO

A indústria cultural não sublima, mas reprime. Se há uma frase que pode expressar o significado da indústria cultural como processo psicossocial de danificação da formação (*Bildung*), essa seria uma boa opção de escolha. A indústria cultural promete a satisfação imediata do prazer, mas, na verdade, promove a substituição do prazer pelo pré-prazer. Adorno e Horkheimer (ADORNO; HORKHEIMER, 1986, p. 131), na análise da dialética do Esclarecimento, já diziam que

> expondo repetidamente o objeto do desejo, o busto no suéter e o
> torso nu do herói esportivo, ela (a indústria cultural) apenas excita o

prazer preliminar não sublimado que o hábito da renúncia há muito mutilou e reduziu ao masoquismo. Não há nenhuma situação erótica que não junte à alusão e à excitação a indicação precisa de que jamais se deve chegar a esse ponto [...] A produção em série do objeto sexual produz automaticamente seu recalcamento.

O processo de dessublimação, patrocinado pela indústria cultural, parece mesmo dirimir as dolorosas conquistas humanas obtidas por meio do confronto entre as imposições do desejo e as possibilidades reais de sua satisfação. E se a razão é desejo traduzido (TÜRCKE, 2002, p. 307), a indústria cultural, por sua vez, assume a tarefa de interpretação dos códigos do desejo, ao prometer-lhe o prazer pleno, sem quaisquer tipos de obstáculo. Contudo, é esse prazer preliminar, esse pré-prazer não sublimado que é cada vez mais excitado até chegar a ponto de se metamorfosear em sucedâneo do prazer. A excitação dos movimentos iniciais do prazer ocorre em todas as situações que impulsionam o organismo para ações que possibilitem a concretização daquilo que fora desejado. Mas quando o pré-prazer é inflacionado de forma compulsiva, então o sofrimento que advém da frustração e do logro se converte em fonte de prazer sadomasoquista. E se, desde a *Dialética do Esclarecimento*, já se sabe que a indústria cultural excita o estágio preliminar do prazer, ao mesmo tempo em que interdita a realização do próprio prazer, de que modo esse processo psicossocial poderia ser caracterizado na sociedade cujas pessoas se viciam nos choques audiovisuais? Quando Adorno e Horkheimer (ADORNO; HORKHEIMER, 1986, p. 128) afirmaram que "a diversão é o prolongamento do trabalho no capitalismo tardio", ambos se referiram à relação de proximidade entre as lógicas das esferas do trabalho e do lazer. Acostumado com a confecção de operações padronizadas durante a sua jornada de trabalho, o indivíduo não consegue se desvencilhar do exercício do pensamento mecanizado, que encontra espaço também nas chamadas atividades de lazer. No caso do filme de sucesso, cujo título, em muitas ocasiões (mas não todas), já antecipa grande parte do enredo que será posteriormente conferido, a ponto de não existir o risco de surpresas diferentes daquelas já esperadas, os reflexos pavlovianos dos espectadores se "surpreendem" com a cena de terror previamente anunciada pelos ruídos da música assustadora.

Se os frankfurtianos observaram tal proximidade entre as lógicas do trabalho e do lazer já em meados da década de quarenta do século vinte, como poderíamos refletir sobre tal relação no capitalismo transnacional, o palco da revolução microeletrônica? No contexto atual, a simbiótica relação entre trabalho e lazer realiza, embora às avessas, a fusão entre trabalho e tempo livre, que fora antigamente privilégio de determinadas profissões, tais como os artistas e intelectuais, cujo trabalho não podia ser diferenciado das atividades de lazer. Nas relações de produção capitalistas hodiernas, o vínculo entre tempo livre e trabalho recebe contornos inéditos. Há uma pressão (que também é uma compulsão) para emitir (*Sendezwang*), sendo que tal pressão se torna *a* força de sucção do capitalismo sob condições microeletrônicas. O campo de atuação do computador não se circunscreve apenas ao de um instrumento de trabalho, mas se metamorfoseia num aparelho que possibilita: a realização de encontros sociais e particulares, processamento e transmissão de dados, a elaboração de atividades de trabalho e de diversão, televisão e comunicação, concentração e dispersão, ser ignorado ou ser percebido, a ponto de todas essas potencialidades se tornarem indiscerníveis entre si (TÜRCKE, 2002, p. 43). Quando um adolescente, que ainda não enviou uma mensagem por *e-mail*, diz de si próprio, "ainda não me conectei", então tal jargão da juventude retrata a lei fundamental de uma nova ontologia: quem não se conecta não é percebido e, portanto, não existe. Para Türcke:

> E tal como a força de integração do mercado nunca foi apenas uma força econômica ou nunca apenas determinou a possibilidade de se ter ou não emprego, mas sempre determinou o ser aceito ou rejeitado e, portanto, ser ou não ser, essa pressão ontológica, sob as condições gerais da pressão para emitir, se transformou numa forma estética, ao mesmo tempo em que o estético recebe, como nunca ocorreu anteriormente, um peso ontológico. E isso também se conecta ao *ser é ser percebido*. Assim se expressa a ontologia paradoxal dos tempos microeletrônicos: uma existência sem a presença eletrônica é um *aqui* e *agora* sem um *aí*, ou seja, trata-se de uma não-existência viva. (TÜRCKE, 2002, p. 43 e 64)

Se na imanência do próprio modo de produção capitalista se encontra uma dinâmica que vicia, atualmente ela se apresenta na forma do vício dos choques audiovisuais e do prazer sadomasoquista decorrente. Freud já afirmara que quaisquer processos afetivos mais intensos que ultrapassassem certo limite, tais como as excitações assustadoras e angustiantes, seriam propagados para a sexualidade, ou seja, teriam um efeito sexualmente excitante. Para o psicanalista, isso explicaria o fato de muitas pessoas sentirem prazer no contato com situações que engendrassem afetos aparentemente desprazerosos, como angústia, medo ou horror, desde que houvesse algum tipo de circunstancia secundária que atenuasse um pouco a gravidade da sensação desprazerosa (FREUD, 2004,

p. 105). Mas o que dizer de uma sociedade que se curva, em sinal de reverência, diante da fascinação do grotesco e, por que não dizer, do horror?

É verdade que tal fascínio acompanha a história da humanidade desde os seus primórdios, pois foram as incontáveis repetições dos choques traumáticos, produzidas por meio dos rituais de sacrifício, por exemplo, que possibilitaram com que o horror fosse catexizado em representações mentais capazes de produzir uma sensação de controle (TÜRCKE, 2002, p. 289). Contudo, na sociedade da indústria cultural contemporânea, o trato com o horror é outro. Talvez não seja equivocada a argumentação de que o horror atualmente tanto seduz porque os choques, por meio dos quais ele se manifesta, excitam exatamente os componentes sadomasoquistas da pulsão sexual, ou melhor, os componentes sadomasoquistas das circunstâncias iniciais da pulsão sexual, as denominadas pulsões parciais, de tal maneira que duas dessas pulsões parciais se entrelaçam e se completam: as pulsões do prazer de olhar e exibir e a de crueldade. No transcorrer do processo psicossocial do indivíduo, ambas as pulsões podem ser estimuladas em excesso, principalmente durante a infância. Pode então ser gerada uma situação na qual o pré-prazer, associado a essas pulsões, seja de tal modo excitado que se desenvolva uma fixação obstaculizadora da trajetória "normal" da pulsão sexual. Mas, atualmente, a afirmação da força do pré-prazer fundamenta-se na promessa de que os "novos" produtos da indústria cultural seriam mais sedutores e excitantes que a realização do próprio sexo, reforçado assim a dinâmica psicossocial viciadora da sociedade capitalista transnacional.

Daí a importância que o prazer de *olhar e exibir* adquire, pois se o estético atualmente recebe um peso ontológico inaudito, ou seja, se hoje *ser é ser percebido*, isso só ocorre caso os estímulos provem que sua violência também é "inédita", "original", de tal modo que tenham êxito em fascinar o olhar, conquistando a disputada atenção do indivíduo que os consome e que passa a exibir os ícones dos produtos da indústria cultural associados a esses estímulos, com a esperança de sentir o prazer de *ser notado*, de *ser percebido* por outras pessoas. De acordo com uma leitura psicossocial, tais estímulos provocam as excitações sexualmente angustiantes, que encontram esteio nos elementos sadomasoquistas da pulsão parcial do prazer de olhar e exibir, a mesma pulsão que "seduz" o organismo e o convence a voltar a consumir avidamente os estímulos agressivos dos choques imagéticos. Torna-se, portanto, inevitável a lembrança dos programas de auditório de televisão, sucessos de audiência em países como Brasil, Estados Unidos da América e Alemanha, cujos apresentadores recebem pessoas dispostas a expor publicamente sua miséria pessoal. E isso não porque tenham a esperança de receber alguma palavra de conforto para os respectivos fardos íntimos, mas, sim, pela possibilidade de ser visto e ter a sensação de que a miséria de sua tragédia pessoal é atenuada pela confirmação cruel da própria existência, "comprovada" sadomasoquistamente por milhões de pessoas. O prazer de ser percebido pelos telespectadores, os quais se identificam sadomasoquistamente com o desafortunado que teve a fortuna de ser observado por milhões, compensa a vergonha que poderia ser sentida em virtude da confissão pública da própria debilidade. E o voyeurismo sadomasoquista é inflacionado pelo consumo dos choques audiovisuais de programas de televisão, tais como: *Encontro Marcado*, com Luiz Antônio Gasparetto (Brasil), *Geraldo* (EUA) e *Oliver Geissen Show e Vera* (Alemanha).

A princípio, torna-se até mesmo comovente o gesto do apresentador ou da apresentadora que se solidariza diante da tragédia exposta publicamente para milhões de telespectadores, mas a compaixão aparente se esfacela diante da constatação da frieza calculada do(a) apresentador(a) que repete a mesma expressão facial e o mesmo bordão para todo tipo de tragédia que se apresenta. São gestos como esses que lembram aqueles empregados numa situação-limite e que foram relatados por Primo Levi no livro: *É isto um homem?* Levi narra as tragédias cotidianas do campo de concentração de Auschwitz e, entre várias situações de dor incomensurável, uma delas se destaca. Trata-se do caso do prisioneiro Henri, que percebeu, de acordo com as palavras de Levi, a ânsia que até mesmo os algozes sentiam de alguém manifestar uma palavra solidária. Segundo o próprio Levi (1997, p. 100),

> Henri descobriu que a compaixão, sentimento primário e irrefletido, floresce muito bem (desde que transmitida habilmente) justamente nas almas primitivas dos brutos que nos comandam, os mesmos que não têm o menor escrúpulo de em derrubar-nos a socos sem razão e a pisar em cima de nós uma vez derrubados. Henri não deixou de perceber o alcance prático do descobrimento, no qual inseriu sua indústria pessoal.

Assim, Henri dissimulava compaixão diante do sofrimento dos assassinos, cujos entes queridos tombavam nos linhas de frente das batalhas e amealhava vários privilégios, tais como trabalhar na cozinha do campo de concentração, mais próximo da comida e mais distante do frio do inverno europeu. Atualmente, o cálculo frio de sua expressão facial de comiseração fingida reverbera no abraço do(a) apresentador(a) do programa da TV que se "enternece" diante do choro daquele que recebe o resultado negativo do aguardado exame de paternidade. A atual humilhação do trágico provém de sua progressiva banalização. A mesma banalização que se fundamenta na piedade hipocritamente apresentada. Nesse tipo de tragédia, a força da piedade como sentimento moral se arrefece na mesma proporção em que ela é usada como artifício instrumentalizado.

Os gestos, cuidadosa e previamente avaliados, dos atuais herdeiros de Henri são mediações do espírito de um tempo no qual a frialdade se universaliza em todas as relações humanas. Não que as pessoas fossem indiferentes ao sofrimento alheio apenas no capitalismo, mas é nesse modo de produção da existência humana que a frieza adquire caráter normativo e se transforma numa *forma de percepção* (GRUSCHKA, 1994, p. 35 e 43), de tal maneira que ocorre o seu recrudescimento em meio à superexcitação do aparato perceptivo. Nos dias atuais, a piedade é dissimulada em novos oráculos, ou seja, os programas de auditório que clamam pela presença da mais "nova" tragédia pessoal com o escopo de provocar o terror do choque audiovisual. São tempos de hegemonia da denominada "catarse regressiva", posto que a fruição da sensação de alívio raramente é acompanhada pela reflexão daquele que questiona as razões de se viciar cada vez mais no gozo do prazer sadomasoquista, quando constata que há pessoas com tragédias pessoais bem mais graves que as suas.

Mas mesmo tal reflexão não pode se autobastar, até porque a demolição do fetiche não pode ser realizada apenas no plano da idéias. De certa forma, ainda ecoa a sentença de Tirésias (que na atual conjuntura adquire tons cada vez mais proféticos) exposta na tragédia do Édipo que reluta em reconhecer a própria autoria de seus delitos: "Oh! Terrível coisa é a ciência quando o saber se torna inútil!" (SÓFOCLES, 1997, p. 28). Por outro lado, se a consciência da forma como o prazer estético se transforma em prazer sadomasoquista não é suficiente para fazer com que não ocorra tal conversão, ela é fundamental para que se produza um clima cultural propício à contestação do atual estado de coisas. Questionar a inutilidade do conhecimento implica, mais do que nunca, a recuperação de sua própria utilidade. A mesma utilidade da técnica que permite fazer com que milhões de pessoas se "conectem" ao vivo, pois ela contém o potencial de contribuir para suscitar a aproximação efetiva, ao invés de ser usada para o incremento da solidão. Ver e dizer o outro sem mutilá-lo, eis a promessa que se encontra imanentemente na técnica da comunicação, na condição de produção humana que verdadeiramente é. Enquanto, porém, as relações de produção exigirem a fetichização de suas forças produtivas e a inevitável dessensibilização, prevalecerá a volúpia cega dos que imploram para que sua miséria pessoal seja vista e percebida por todos. E tal volúpia predominará como herdeira da cegueira que Édipo se impôs com a intenção de evitar, a todo custo, o confronto com seus próprios demônios.

REFERÊNCIAS

ADORNO, Theodor, W.; HORKMEIMER, Max. *Dialética do Esclarecimento:* fragmentos filosóficos. Tradução de Guido Antonio de Almeida. Rio de janeiro: Jorge Zahar, 1986.

ARISTÓTELES. Poética. Tradução de Eudoro de Souza. In: *ARISTÓTELES, volume 2*, São Paulo: Nova Cultural, 1991.

ARISTÓTELES. *Política*. Tradução de Mario da Gama Cury. Brasília: Editora da UNB, 1988.

FREUD, Sigmund. *Drei Abhandlungen zur Sexualtheorie*. Frankfurt am Main: Fischer Verlag, 2004.

GRUSCHKA, Andreas. *Bürgeliche Kälte und Pädagogik*. Wetzlar: Büsche der Pandora, 1994.

JAPP, Uwe. *Theorie der Ironie*. Frankfurt am Main: Vittorio Klostermann, 1983.

LEVI, Primo. *É isto um Homem?* Tradução de Luigi del Re. Rio de Janeiro: Rocco, 1997.

NIETZSCHE, Friedrich. *O nascimento da tragédia ou Helenismo e pessimismo*. Tradução de J. Guinsburg. São Paulo: Companhia das Letras, 1992.

NIETZSCHE, Friedrich. *Genealogia da moral*. Tradução de Paulo César de Souza. São Paulo: Companhia das Letras, 1998.

REALE, Giovanni. *Introduzione a Aristotele*. Roma, Bari: Editori Laterza, 2000.

SÓFOCLES. *Rei Édipo, Antígone e Prometeu Acorrentado*. Tradução de J.B. Mello e Souza. Rio de Janeiro: Ediouro, 1997.

TÜRCKE, C. *Erregte Gesellschaft: Philosophie der Sensation*. München: C.H. Beck, 2002.

VERNANT, Jean-Pierre. *Entre Mito e Política*. Tradução de Cristina Murachco. São Paulo: EDUSP, 2002.

KANT TRÁGICO

Ricardo Barbosa

Ao que sei, foi Lucien Goldmann quem chamou a atenção para a filosofia kantiana como uma filosofia trágica. "Kant é na Europa, com Pascal e, apenas *em certa medida*, com Nietzsche o filósofo da visão trágica do mundo, visão essa em que um dos temas fundamentais é a impossibilidade de o homem atingir a totalidade" (GOLDMANN, 1979, p. 58). Em diversos trabalhos, hoje talvez um pouco esquecidos, a começar por sua tese de doutoramento em Zurique, *Universo e comunidade humana em Kant*,[1] mas sobretudo em sua obra mais importante, *O deus escondido*,[2] Goldmann esforçou-se por compreender e explicar a visão trágica do mundo a partir das *condições sociais* sob as quais ela se formou. De acordo com sua interpretação, se foi a nobreza togada que tornou possível, na França do século XVII, o surgimento daquela visão do mundo, tal como ela se expressou nas obras de Pascal e Racine, seu desenvolvimento na Alemanha deveu-se à burguesia. Goldmann o situa entre 1780 e 1805, mencionando Kant, Schiller, Goethe e Hölderlin. "A burguesia alemã aspirava, com todas as forças, a uma sociedade democrática e liberal, a um mundo onde reinariam 'a razão e a liberdade'; mas, em virtude do atraso econômico do país, ela era muito débil para realizar tal liberdade. Por isso sua visão do homem devia ser dominada pela desproporção entre o ideal e a realização, entre a teoria e a prática. [...] Para a burguesia

---

[1] Publicado na Suíça, em 1945, sob o título *Mensch, Gemeinschaft und Welt in der Philosophie Immanuel Kants. Studien zur Geschichte der Dialektik* (Europa Verlag), a versão francesa do trabalho, preparada pelo próprio autor, apareceu em 1948: *La communauté humaine er l'univers chez Kant* (Paris: PUF). Uma edição em formato de bolso seria publicada em 1967, com um novo prefácio e um novo título: *Introduction à la philosophie de Kant* (Paris: Gallimard). A tradução brasileira, *Origem da dialética. A comunidade humana e o universo em Kant* (Rio de Janeiro: Paz e Terra, 1967) seguiu esta edição.

[2] L. Goldmann, *Le dieu caché. Etude sur la vision tragique dans les Pensées de Pascal e dans le théâtre de Racine*. Paris: Gallimard, 1955. Cf. tb. M. Löwy, "Goldmann e Lukács: a visão trágica de mundo", in *Romantismo e messianismo. Ensaios sobre Lukács e Benjamin*. São Paulo: Perspectiva e Edusp, 1990.

alemã, a ruptura trágica colocava-se entre a consciência e a realização, entre o ideal e a ação; para a nobreza togada francesa, entre a razão, o dever e a realidade sensível da monarquia, com todas as suas vantagens. Isso também se reflete na obra de Kant e de Goethe, de um lado, de Pascal e de Racine, do outro. A primeira é dominada pela ruptura entre o pensamento e a ação, a segunda, pelo conflito entre a razão e a sensibilidade, o dever e a paixão" (GOLDMANN, 1979, p. 65-66).

É desnecessário insistir no quanto essa caracterização é esquemática e mesmo imprecisa, pois o que é apresentado como o típico conflito da visão trágica em Pascal e Racine é um motivo central da filosofia kantiana, especialmente em sua parte prática. No entanto, essa observação não deve ser tomada aqui como uma objeção destinada a preparar um argumento pela recusa da interpretação de Goldmann. Quem a conhece sabe que ela rica e interessante o bastante para merecer um estudo em separado. Embora o presente trabalho não se proponha a isso, ele se apresenta, ao menos em parte, como um diálogo indireto com a interpretação de Goldmann – e isso sob um aspecto bem preciso. Em sua tentativa de revelar a "estrutura significativa" da visão trágica do mundo, Goldmann a refere de tal modo às suas condições de possibilidade sociais, que a debilidade da burguesia alemã, o "atraso econômico do país", a "miséria alemã", enfim, *explicariam* não só o descompasso entre os ideais políticos emancipatórios e a ordem social efetivamente existente, como também o surgimento de uma "visão do homem" em que o ideal e sua realização, teoria e prática aparecem tragicamente cindidos (GOLDMANN, 1967, p. 141-143, 171, 191). Embora Goldmann tenha tido o mérito inegável de abordar a obra de Kant para além dos estreitos limites de interpretações neokantianas como a de Hermann Cohen, valendo-se para isso dos escritos de Emil Lask e do jovem Lukács, a tendência metódica a reduzir a pretensão de validade universal da filosofia crítica às condições de sua gênese obscurece a natureza do seu *problema* fundamental, em prejuízo inclusive do que a própria interpretação gostaria de ter trazido à luz: a visão trágica do mundo em Kant.

O problema fundamental a que me refiro não é outro senão o exaustivamente investigado desde a *Crítica da razão pura*: o da possibilidade da metafísica como ciência. Da compreensão desse problema resulta propriamente o sentido do trágico no pensamento de Kant. Esse sentido se expressa claramente no nexo entre a crítica da razão e o que ela mesma nos permite caracterizar como a tragédia do conhecimento – um nexo estabelecido já nas palavras de abertura do prefácio à primeira edição da *Crítica da razão pura* (1781). Toda a investigação empreendida aqui por Kant se move sob o signo de uma situação *incontornável*; portanto, nada menos casual que essa situação seja apresentada como um *destino*, um destino *singular* contra o qual, à primeira vista, não se pode fazer nada além de reconhecê-lo e aceitá-lo. Kant escreve: "A razão humana tem um destino singular num gênero de seus conhecimentos: sente-se importunada por questões a que não pode esquivar-se, pois elas lhe são propostas pela própria natureza da razão; mas também não pode resolvê-las, pois ultrapassam toda a capacidade da razão humana" (KANT, 1974, A VII). Eis aqui as conhecidas palavras iniciais com as quais Kant rompeu seus onze anos de silêncio literário. A primeira descoberta, por assim dizer, que a investigação da razão por ela mesma tem a comunicar é precisamente esta: a desproporção entre uma ilimitada capacidade de perguntar e uma capacidade relativamente modesta de responder é de tal modo natural à razão que se impõe a ela como um *destino*. Já nessa desproporção se manifesta a natureza trágica da razão e da própria filosofia crítica.

No entanto, como Kant adverte, essa frustrante desproporção aflora *numa determinada espécie* de conhecimentos, colocando a razão em dificuldades aparentemente insuperáveis. "É sem culpa sua que ela cai neste impasse", diz Kant, livrando a razão de qualquer responsabilidade pelo seu próprio destino. "Ela começa com princípios cujo uso é inevitável no curso da experiência e, ao mesmo tempo, suficientemente comprovado por esta. Com esses princípios, ela vai-se elevando gradativamente (como aliás é de sua natureza) a condições sempre mais remotas. Mas percebendo que dessa forma o seu labor deve sempre permanecer incompleto, porque as questões nunca têm fim, vê-se obrigada a lançar mão de princípios que transcendem todo uso possível da experiência, embora pareçam tão insuspeitos que inclusive a comum razão humana concorda com eles. E assim se envolve em trevas e incide em contradições; e isso lhe permite inferir que algures, e subjacente a tudo, deve haver erros latentes; mas é incapaz de descobri-los, porque os princípios que emprega já não reconhecem a pedra de toque da experiência, por transcenderem o limite de toda experiência. A arena dessas discussões sem fim chama-se *metafísica*" (KANT, 1974, A VII-VIII).

Se Kant livra a razão de qualquer responsabilidade sobre o seu destino singular, isso não se estende, porém, aos *usos* que dela fazemos. Por isso, assim como somos levados a reconhecer esse trágico destino, também somos apresentados ao que o desencadeia, com o que Kant avança uma das teses centrais de sua obra: a de que o *uso transcendente* de princípios válidos apenas no âmbito da experiência leva fatalmente a erros e contradições. A possibilidade da metafísica, como a possibilidade de um conhecimento do supra-sensível, parece assim de todo impedida pela natureza mesma da razão. A metafísica seria assim um domínio povoado desde sempre por perguntas legítimas, embora em vão disputado por respostas para sempre infundadas.

Mas seria essa a mensagem da *Crítica*? Em parte, dirá Kant, apenas em parte. O que a crítica da razão quer nos ensinar é uma disciplina capaz de tornar possível um uso – digamos – *racional* da razão, ou seja, um uso apropriado, adequado à sua natureza, pois ela é destinada a enganos fatais apenas quando não sabemos evitá-los. A história da filosofia – é preciso que se reconheça, insistirá Kant – tem sido, porém, a história desses erros fatais, a história de uma razão simplesmente entregue ao seu destino de perder-se em meio a discussões sem fim, porque cega em face de sua própria natureza (KANT, 1985, A 7-21). Outrora sob o domínio despótico dos dogmáticos, em seguida abalado pelos céticos, a metafísica estaria agora exposta à mais completa *indiferença* (KANT, 1974, A IX-X). Situação revoltante, contra a qual Kant reage, pois não é possível ser indiferente às questões com as quais a metafísica se debate há dois mil anos, ainda que em vão. É preciso levar a sério as *perguntas* que a razão formula naturalmente, para o nosso indisfarçável embaraço, ainda que as diferentes respostas historicamente apresentadas não mais sejam dignas do nosso assentimento. Como se lê na *Lógica*, "parece que estamos tomados de perplexidade na investigação das verdades metafísicas. Ostenta-se agora uma espécie de indiferentismo em face dessa ciência, pois parece ter-se tornado ponto de honra falar com desprezo das investigações metafísicas, como se não passassem de meras bizantinices. E, no entanto, a metafísica é a autêntica, a verdadeira filosofia! Nossa era é a era da *crítica* e é preciso ver o que, dos experimentos críticos de nossa época, há de resultar para a metafísica e a filosofia em particular" (KANT, 1992, A 39-40, Ak 32-3).

Palavras muito semelhantes foram ditas por Kant no prefácio à primeira edição da *Crítica* (KANT, 1974, A XI, nota). Essa obra, que ele agora finalmente apresenta ao público erudito, diz sem rodeios a que veio: ela quer ser lida como "um apelo à razão para atacar de novo a mais dificultosa de todas as suas incumbências, isto é, a do conhecimento de si mesma, e para instituir um tribunal capaz de assegurar suas reivindicações justas, mas também de repelir todas as pretensões infundadas, não com decisões arbitrárias, mas de acordo com suas leis eternas e imutáveis; e esse tribunal outro não é senão a própria *Crítica da razão pura*" (KANT, 1974, A XI-XII). Daí a advertência de Kant, com a qual ele explica o sentido desse estranho título:

Não entendo com isso uma crítica dos livros e dos sistemas, e sim, da faculdade da razão como tal, em relação a todos os conhecimentos a que esta possa aspirar independentemente de toda experiência e, por conseguinte, a decisão sobre a possibilidade ou impossibilidade de uma metafísica em si, bem como a determinação tanto das fontes como dos limites da mesma; mas tudo isso a partir de princípios. (KANT, 1974, A XII)

A tarefa da crítica é enfrentar o destino trágico da razão, colocá-la em harmonia consigo mesma, livrando-a assim não só do assédio cético, como também de todo dogmatismo, ou seja, de toda prepotente – e trágica – ingenuidade de proceder à solução dos problemas metafísicos *sem* o exame prévio da natureza da razão; portanto, sem o conhecimento da própria faculdade de conhecer. Diante da natureza trágica da razão humana, que em sua *hybris* se eleva cada vez mais por sobre a experiência, a ponto de perder todo o contato com ela e, no entanto, ainda se servir dos mesmos princípios pelos quais se orienta naquele âmbito; diante dessa desmedida fatal, em que se descortina um cenário de erros e ilusões, a crítica se oferece como terapia e purificação: seus efeitos profiláticos devem resultar assim numa verdadeira *catarse*.

A força liberadora dessa catarse é, em princípio, *negativa*. Afinal, o que *podemos* saber é sem dúvida muito menos do que *gostaríamos* de saber. Seguimos irremediavelmente tendo mais perguntas que respostas – mas isso, dirá Kant, apenas sob um aspecto bem preciso: o do uso especulativo, o uso teórico da razão. Sob esse aspecto, as questões tradicionais da metafísica, tais como se a alma é imortal, se somos efetivamente livres, se existe um Deus, se ele é o criador do mundo etc., são questões que permanecem sem resposta pela razão teórica simplesmente porque não podemos transcender os limites da experiência possível, tratando esses objetos supra-sensíveis com os mesmos princípios válidos apenas para o mundo sensível. Na parte analítica da *Crítica*, lembra Kant, duas coisas essenciais são provadas. Em primeiro lugar, que o espaço e o tempo são apenas as formas puras da intuição sensível, "portanto somente condições da existência das coisas como fenômenos", e não propriedades objetivas das coisas em si mesmas; em segundo lugar, que a todo conceito do entendimento deve corresponder uma intuição; logo, "não podemos conhecer nenhum objeto como coisa em si mesma, mas somente na medida em que for objeto da intuição sensível, isto é, como fenômeno; disto se segue, é bem verdade, a limitação de todo o possível conhecimento especulativo da razão aos meros objetos da *experiência*" (KANT, 1980, B XXV-XXVI).

À primeira vista, a *Crítica* teria uma utilidade apenas negativa, na medida em que proíbe a razão especulativa de estender-se além dos limites da experiência. No entanto, ao restringir o uso teórico da razão, a *Crítica* abre espaço para uma efetiva ampliação do conhecimento, dirá Kant, "tão logo se esteja convencido de que existe um uso prático absolutamente necessário da razão pura (o moral) no qual esta se estende inevitavelmente acima dos limites da sensibilidade" (KANT, 1980, B XXV). A utilidade *positiva* da *Crítica* consiste precisamente nessa possibilidade de estender ao supra-sensível o uso da razão pura pelo seu uso *prático*. Expulsos do domínio especulativo, Deus, a imortalidade da alma e a liberdade retornam agora ao domínio moral como postulados da razão prática – portanto, como condições do *sentido* da vida humana sobre a Terra.

Heinrich Heine viu nessa operação de salvação da alma, de Deus e da liberdade todos os traços de um drama – ainda que com ares de comédia. Em sua famosa *História da religião e da filosofia na Alemanha*, ele pintou a figura de Kant como a de um revolucionário com o qual nem mesmo um Robespierre poderia sonhar em medir-se; pois se este levara o Rei à guilhotina, Kant fora infinitamente mais longe, exibindo a cabeça do bom Deus, golpeado e morto pela *Crítica da razão pura*. "Esse livro", diz Heine, "é a espada com que se execu-tou o deísmo na Alemanha" (HEINE, 1991, p. 89).

> Mas vocês pensam que agora podemos ir para casa? De modo algum! Ainda será encenada mais uma peça. Depois da tragédia vem a farsa. Até aqui, Kant esboçou o filósofo implacável, tomou o céu de assalto, destruindo-lhe toda a guarnição, e o supremo senhor do mundo bóia, indemonstrado, em seu próprio sangue: já não há nenhuma misericórdia divina, nenhuma bondade paterna, nenhuma recom-pensa na outra vida para a abstinência nesta; a imortalidade da alma está em seus estertores – agoniza, suspira –, e, como um espectador desolado, o velho Lampe a tudo assiste, com o guarda-chuva debaixo do braço, e o suor frio e as lágrimas a escorrer pelo rosto. Então, Immanuel Kant se apieda e mostra que não é apenas um grande filósofo, mas também um grande homem e, refletindo, diz meio benévola, meio ironicamente: "O velho Lampe precisa ter um Deus, se não o pobre homem não pode ser feliz – mas o homem deve ser feliz na terra – é o que diz a razão prática – sendo assim, a razão prática também pode garantir a existência de Deus." Por causa desse argumento, Kant distingue razão teórica e razão prática e, como se esta última fosse uma varinha de condão, reanima com ela o cadáver do deísmo, que havia sido morto pela razão teórica. (HEINE, 1991, p. 97-98)

Heine parece insinuar que pesam sobre o uso prático da razão atribuições necessárias apenas de um ponto de vista histórico-cultural – que a filosofia de Kant, ao menos em tese, poderia ter tido outro perfil, bem mais radical e revolucionário, não fosse o mundo habitado por tantas figuras como o velho Lampe. Seja como for, a sátira de Heine é oportuna para o que quero mostrar, pois o trágico em Kant não se deve à compaixão. A descoberta do uso prático da razão como a *única* via de acesso legítima ao supra-sensível é o que faz da filosofia kantiana uma filosofia trágica. A rigor, o traço trágico do pensamento de Kant está em sua ênfase na não-identidade – não-identidade de fenômeno e *noumenon*, natureza e liberdade, saber e crença, conhecer e pensar, real e ideal, constitutivo e regulativo; não-identidade que se instala no cerne do próprio homem como um cidadão de dois mundos, um ser empírico e transcendental, uma "natureza mista", como disse Schiller. O idealismo transcendental é um idealismo trágico, mas não se deixa reconhecer imediatamente como tal. À primeira vista, falta-lhe o *pathos*. Numa observação mais detida, porém, percebe-se que esse *pathos* foi *sublimado* através de uma operação de salvação: a impressionante manobra pela qual os objetos tradicionais da metafísica, uma vez desterrados do domínio da razão teórica, são resgatados no domínio da razão prática.

Enquanto disciplina o uso teórico da razão, a *Crítica* é também uma poderosa educadora dos sentimentos. Ela quer nos ensinar a transformar a frustrante impossibilidade do conhecimento teórico do supra-sensível numa renúncia sublime, quando então nos desprendemos de um desejo tão natural em sua origem quanto ilusório em sua realização. E não saímos com as mãos vazias. A razão prática repara a razão teórica pelas suas perdas especulativas. O que não podemos saber nos é restituído pelo que devemos fazer, embora nunca como uma indenização ou o resgate de uma dívida, e sim como algo a que devemos fazer por merecer, em respeito a uma grave obrigação.

Ao situar o momento trágico da filosofia kantiana justamente na passagem da razão teórica à razão prática como a passagem do sensível ao supra-sensível – portanto, como a passagem que legitima a possibilidade da metafísica em sentido enfático – falei em renúncia e reparação, qualificando aquela renúncia como *sublime*. Com isso, não quis apenas destacar a natureza do *movimento* do ânimo que, tomado de respeito pela lei moral, se *eleva* por sobre os limites do sensível, projetando-se assim no horizonte da destinação supra-sensível do homem. Ao aludir ao sublime, quis também sugerir que o último ato da filosofia kantiana não é aberto pela passagem da primeira para a segunda *Crítica*, como ironiza Heine. A rigor, o último ato da filosofia kantiana se consuma na *Crítica da faculdade do juízo* como a solução do conflito entre o teórico e o prático, entre natureza e liberdade. Como se sabe, tal conflito é resolvido pela introdução do princípio da conformidade a fins como o princípio transcendental da faculdade do juízo. Mediante a introdução desse princípio, pelo qual o recurso às "causas finais" é criticamente reabilitado, Kant mostra como é possível os ajuizamentos estético e teleológico da natureza, estabelecendo os fundamentos da crítica do gosto e do conhecimento dos organismos. A estética e a biologia, como diríamos hoje, são assim constituídas e legitimadas como esferas autônomas.

No entanto, a *Crítica da faculdade do juízo* não se esgota nesse feito – de resto, nada pequeno. Kant apresentou esta obra como a "propedêutica de toda filosofia" (KANT, 1993, B LIII). O sentido dessa propedêutica, anunciado já na Introdução e há pouco lembrado (religar natureza e liberdade à base de um princípio) é descortinado inteiramente apenas ao final, na "doutrina transcendental do método da faculdade do juízo teleológica". Seu centro de gravidade, por assim dizer, se pensamos em toda a arquitetônica do sistema crítico, no que ele deve suportar como construção doutrinária (ou seja, as metafísicas da natureza e dos costumes) e, por fim, embora jamais por último, na visão trágica do mundo e do homem que faz do idealismo transcendental o que ele é – esse centro, como vinha dizendo, encontra-se na teoria do sublime. É nela e por ela que o idealismo transcendental de Kant se consuma como uma filosofia trágica.

Mas o que é o sublime? Não se trata aqui de recapitular toda a primeira parte da *Crítica da faculdade do juízo*, na qual Kant desenvolve as analíticas do belo e do sublime, mas apenas de trazer à memória alguns conceitos imprescindíveis à compreensão do sentido do que acabo de afirmar sobre a fonte do trágico na filosofia kantiana. Em primeiro lugar – e é precisamente por esse ponto que Kant começa sua reflexão sobre a especificidade do estético –, todo juízo estético é subjetivo. Quando ajuizamos algo esteticamente, não referimos a representação ao objeto, no intuito de conhecê-lo, e sim a nós mesmos, ao nosso "sentimento de prazer ou desprazer", sob a forma do nosso "sentimento de vida" (KANT, 1993, B 4), e assim o declaramos belo ou sublime. Como no ajuizamento estético está em jogo o modo pelo qual somos afetados pelo objeto, seu fundamento de determinação é estritamente subjetivo. Isso significa que a beleza ou a sublimidade, embora atribuídas ao objeto, não são propriedades do mesmo, mas sentimentos que expressam o estado do nosso ânimo.

O ajuizamento estético guarda certas analogias com o ajuizamento moral, pois ele também requer certo grau de abstração e de descentramento. Em primeiro lugar, nenhuma inclinação sensível deve imiscuir-se no nosso ajuizamento. Temos de ser indiferentes à existência do objeto, ou seja, temos de ser capazes de considerá-lo sem referi-lo em momento algum às nossas necessidades vitais. Nossa consideração deverá ser, portanto, desinteressada. Justamente porque fazemos abstração de nossas inclinações e necessidades, uma perspectiva se abre para que nos sintamos no direito de dizer que o que ajuizamos esteticamente sob tais condições deve valer universal e necessariamente para todos, como o verdadeiro e o moralmente justo. Por outro lado, como se trata de um juízo estético – e não de um juízo de conhecimento –, ele prescinde de conceitos determinados, pelo que não precisamos conhecer o objeto para ajuizá-lo esteticamente. O belo e o sublime são assim objetos de uma consideração desinteressada que, sem conceitos (e, portanto, sem que tenhamos de nos representar um fim objetivo), aprazem universal e necessariamente. Juízos são estéticos na medida em que o fundamento de determinação da síntese de sujeito e predicado é estritamente subjetivo, dizendo respeito apenas ao sentimento do nosso estado. No entanto, os juízos *estéticos* são, antes de tudo, *juízos*, pelo que se deixam analisar como qualquer juízo. Todo juízo envolve a ação de nossas faculdades cognitivas. A peculiaridade da análise dos juízos estéticos está, porém, em que ela deverá ser capaz de mostrar o que se passa com as nossas faculdades cognitivas justamente quando estão desoneradas de sua função de conhecèr.

Quando a simples apreensão de um objeto – o diverso da intuição – coincide com a sua exposição na intuição, *sem* que a compreensão do mesmo, ou seja, a unidade sintética da consciência desse diverso careça de um *conceito*, a imaginação, como a faculdade da apreensão, concorda de um modo todo especial com o *entendimento*, a faculdade dos conceitos, pelo que jogam livremente uma com a outra. Esse estado do ânimo é suscitado apenas quando ajuizamos algo como belo. Já quando um objeto *não* se deixa apreender como um todo, a imaginação é lançada num estado de perplexidade, pois ela se esgota em vão nessa tarefa. Esse esforço irrecompensado, fonte de um *desprazer* para o ânimo, resulta num estado em que a imaginação e a *razão* entram em desacordo. Mas se por um lado nos chocamos contra os limites da nossa sensibilidade, por outro experimentamos em nós um poder que supera todos esses limites. É o que se passa na experiência do sublime.

> O belo da natureza concerne à forma do objeto, que consiste na limitação; o sublime, contrariamente, pode também ser encontrado

em um objeto sem forma, na medida em que seja representada ou que o objeto enseje representar nele uma *ilimitação*, pensada, além disso, em sua totalidade; de modo que o belo parece ser considerado como apresentação de um conceito indeterminado do entendimento, o sublime, porém, como apresentação de um conceito semelhante da razão. (KANT, 1993, B 75)

Nesse caso, experimentamos o poder da razão e sublimamos aquele desprazer num grave sentimento de prazer em face da nossa própria destinação supra-sensível. Assim,

> enquanto o belo comporta diretamente um sentimento de promoção da vida [...], o sentimento do sublime é um prazer que surge só indiretamente, ou seja, ele é produzido pelo sentimento de uma momentânea inibição das forças vitais e pela efusão imediatamente consecutiva e tanto mais forte das mesmas. (KANT, 1993. B 75)

Por isso ele se referiu ao sublime também como um "sentimento espiritual" (KANT, 1980, p. 203). Ele emerge em nós seja em face daqueles fenômenos da natureza "cuja intuição comporta a idéia de sua infinitude" (KANT, 1993, B 93), fazendo-nos sentir incomensuravelmente pequenos diante de sua grandeza absoluta, seja em face das manifestações do seu poder irresistível, que nos fazem sentir totalmente impotentes. No primeiro caso, havemo-nos com o que é "matematicamente sublime"; no segundo, com o "dinamicamente sublime" – em ambos, porém, com a nossa destinação supra-sensível.

> Nada, portanto, que pode ser objeto dos sentidos, visto sobre essa base, deve denominar-se sublime. Mas precisamente pelo fato de que em nossa faculdade da imaginação encontra-se uma aspiração ao progresso até o infinito, e em nossa razão, porém, uma pretensão à totalidade absoluta como a uma idéia real, mesmo aquela inadequação a esta idéia de nossa faculdade de avaliação da grandeza das coisas do mundo dos sentidos desperta o sentimento de uma faculdade supra-sensível em nós; e o que é absolutamente grande não é, porém, o objeto dos sentidos, e sim o uso que a faculdade do juízo naturalmente faz de certos objetos para o fim daquele (sentimento), com respeito ao qual, todavia, todo outro uso é pequeno. Por conseguinte, o que deve denominar-se sublime não é o objeto e sim a disposição de espírito através de uma certa representação que ocupa a faculdade de juízo reflexiva. [...] *sublime é o que somente pelo fato de poder também pensá-lo prova uma faculdade do ânimo que ultrapassa todo padrão de medida dos sentidos.* (KANT, 1993, B 85)

Por isso o sublime também "nos encoraja a medir-nos com a aparente onipotência da natureza", pois essa experiência nos revela

> ao mesmo tempo uma faculdade de ajuizar-nos como independentes dela e uma superioridade sobre a natureza, sobre a qual se funda uma autoconservação de espécie totalmente diversa daquela que pode ser atacada e posta em perigo pela natureza fora de nós, com o que a humanidade em nossa pessoa não fica rebaixada, mesmo que o homem tivesse que sucumbir àquela força. (KANT, 1993, B 104-5)

O sublime suscita nossa auto-estima racional, o respeito pela nossa destinação supra-sensível sob a forma da lei moral em nós. Sendo "o que apraz imediatamente por sua resistência contra o interesse dos sentidos" (KANT, 1993, B 115), o sublime "sempre tem que referir-se à *maneira de pensar*, isto é, a máximas para conseguir o domínio do intelectual e das idéias da razão sobre a sensibilidade" (KANT, 1993, B 124). No sublime se expressam todos os nossos poderes – seja o poder de *pensar* para além do que podemos conhecer, seja o poder de *agir* para além do mecanismo natural: o poder da *liberdade*.

As duas coisas que, segundo Kant, enchem o nosso ânimo de *admiração* e *respeito* – o céu estrelado sobre nós e a lei moral no nosso peito –, correspondem perfeitamente ao sentimento do sublime em suas duas modalidades. Nesse duplo sentimento se expressa a natureza trágica do próprio idealismo transcendental: uma filosofia da finitude em tensão permanente com o *pathos* da transcendência – o *pathos* do sublime. Em suas duas modalidades, ele mobiliza o ânimo de tal modo que se deixa ver como uma singular via de acesso à própria filosofia, pois pelo sublime somos elevados ao ponto de vista transcendental. Em face do trágico destino da razão, a crítica da razão vive desse *pathos* tanto quanto o alimenta, sublimando-o na auto-reflexão pela qual ele se torna enfim num *pathos* consciente, um *pathos* que compreendeu o seu significado e suas implicações. A experiência do sublime nos dá a dimensão do metafísico em nós. Ela se torna assim na *condição subjetiva da filosofia*, na afecção interna que mobiliza exemplarmente o ânimo para o pensar e o agir. A crítica é a metódica auto-reflexão da razão sobre os seus limites; o sublime, a experiência desses limites e de sua ultrapassagem. Na medida em que por essa experiência estética nos vemos diante dos fins essenciais da razão – e a filosofia, como lemos na primeira *Crítica*, é "a ciência da relação de todo conhecimento com os fins essenciais da razão humana" (KANT, 1980, B 867) – o sublime nos alça ao ponto de vista transcendental, mas por uma descarga energética que nos coloca espontaneamente no limiar da reflexão filosófica. Diferentes caminhos podem nos levar à filosofia, mas talvez não haja acesso mais filosófico à própria filosofia que a experiência do sublime. A "analítica do sublime" adquire com isso um significado não de todo inesperado, mas, ainda assim, surpreendente: ela se deixa ler como a *propedêutica estética* à crítica da razão e, nessa medida, ao conjunto da filosofia kantiana. Nela se concentra todo o *espírito* do idealismo transcendental – um espírito *trágico* que Schiller e Fichte levariam às últimas conseqüências, sobriamente fascinados pela destinação do homem como uma "tarefa infinita", mas que o nascente idealismo especulativo, mesmo com toda sua grandeza, já não mais seria capaz de suportar...

Poderia terminar dizendo que isso já é outra história, não fosse o idealismo especulativo uma conseqüência não-antecipada da crítica da razão e, portanto, trágica também sob esse aspecto. No entanto, prefiro encerrar apenas recordando Schiller e seu poema "O belo e o sublime". Ele contém o espírito trágico do idealismo transcendental, ao mesmo tempo em que adverte sutilmente – contra Kant e mesmo Fichte – sobre o risco da absorção do espírito trágico por um ascetismo moral que, ao contrário do próprio trágico na filosofia kantiana, estaria antes em sua *letra* que em seu *espírito*. O poema diz o seguinte:

> São dois os *gênios* que te conduzem pela vida,
> Feliz de ti se caminham unidos ao teu lado, te auxiliando!
> Com um jogo divertido, um deles te encurta a viagem,
> Nos seus braços, teu destino e teu dever tornam-se mais leves.
> Entre gracejos e conversas, ele te acompanha até o abismo,
> Onde o mortal, em calafrios, estanca diante do mar eterno.
> Aqui te recebe o outro, decidido e sério e calado,
> Te leva com seu braço gigantesco por sobre as profundezas.
> Nunca te consagre a um somente. Não confie ao primeiro
> Tua *dignidade*, e nunca ao outro tua *felicidade*.[3]

Referências

GOLDMANN, L. Materialismo dialético e história da filosofia. In: *Dialética e cultura*. Rio de Janeiro: Paz e Terra, 1979.

GOLDMANN, L. *Introduction à la philosophie de Kant*. Paris: Gallimard, 1967.

---

[3] F. Schiller, *Schillers Werke. Nationalausgabe. Erster Band: Gedichte in der Reihenfolge ihres Erscheinens 1776 -1799*. Weimar: Hermann Böhlaus Nachfolger, 1943. p. 271. Cf. tb. "Sobre o sublime". In: F. Schiller, *Teoria da tragédia*. São Paulo: Herder, 1964. p. 49.

GOLDMANN, L. *Le dieu caché*. Etude sur la vision tragique dans les Pensées de Pascal e dans le théâtre de Racine. Paris: Gallimard, 1955.

HEINE, H. *Contribuição à história da religião e filosofia na Alemanha*. São Paulo: Iluminuras, 1991.

KANT, I. Prefácio à primeira edição da Crítica da razão pura (1781). In: *Textos seletos*. Edição bilíngüe. Petrópolis: Vozes, 1974.

KANT, I. *Crítica da razão pura*. In: *Kant I*, Col. Os Pensadores. São Paulo: Abril, 1980.

KANT, I. *Crítica da faculdade do juízo*. Rio de Janeiro: Forense Universitária, 1993.

KANT, I. Primeira introdução à Crítica do juízo. In: *Kant II*, Col. Os Pensadores, São Paulo: Abril, 1980.

KANT, I. *Lógica*. Rio de Janeiro: Tempo Brasileiro, 1992.

KANT, I. *Os progressos da metafísica*. Lisboa: Edições 70, 1985.

LÖWY, M. Goldmann e Lukács: a visão trágica de mundo. In: *Romantismo e messianismo. Ensaios sobre Lukács e Benjamin*. São Paulo: Perspectiva e Edusp, 1990.

SCHILLER, F. *Schillers Werke. Nationalausgabe. Erster Band: Gedichte in der Reihenfolge ihres Erscheinens 1776-1799*. Weimar: Hermann Böhlaus Nachfolger, 1943.

A PERMANÊNCIA DO TRÁGICO[1]

Virginia Figueiredo

> *O momento trágico, na sua própria nulidade, não é histórico: é a condição da história. A qual não é nada mais do que a submissão ao interdito da transgressão ou, o que dá no mesmo, do excesso metafísico.*
>
> (LACOUE-LABARTHE, *Métaphrasis*)

Em oposição ao diagnóstico de uma "liquidação" ou "fim" do trágico, este trabalho pretende defender a idéia da *permanência* do trágico, inspirando-se, primeiramente, na interpretação do teatro de Hölderlin por Philippe Lacoue-Labarthe, a partir do qual ele conclui que o sublime, essa arte ou teoria da arte moderna, talvez nada mais seja do que uma reapresentação do trágico. Mas essa hipótese também tem em vista a interpretação do trágico por outros autores, como Peter Szondi, especialmente num ensaio sobre "O conceito de trágico em Schelling, Hölderlin e Hegel" (SZONDI, 1975), no qual Szondi não só afirma como sustenta uma tese bastante original: a de que foi a tragédia que forneceu a origem e a matriz ao pensamento dialético. Finalmente, ainda considero o livro *Le théâtre des philosophes*, no qual Jacques Taminiaux examina toda a tradição da leitura filosófica da tragédia, de Platão a Heidegger – passando por Schiller, Schelling, Hegel, Schopenhauer e Nietzsche – como redutora da ação (*praxis*) à fabricação ou produção de uma obra (*poiesis*), com outras palavras, segundo este último autor, a interpretação

---

[1] Este texto vem a ser um dos resultados da minha pesquisa que contou com o apoio de uma bolsa de pós-doutorado da CAPES, entre 2002-2003 e, atualmente, com uma bolsa de produtividade em pesquisa do CNPq. Ele reúne, resumindo e acrescentando modificações, pelo menos, dois outros artigos que escrevi sobre o tema do trágico: o primeiro "O sublime como experiência do trágico moderno", publicado no livro *Mimesis e Expressão*, Belo Horizonte: Ed. UFMG, 2001; e o segundo, "Viagem à Grécia", publicado em *Kátharsis, reflexos de um conceito estético,* Belo Horizonte: Ed. C/ARTE, 2002. Finalmente, um terceiro, que escrevi em parceria com João Camillo Penna, "O Imperativo do Pensamento", como Introdução ao livro que organizamos juntos *A Imitação dos Modernos*, Rio de Janeiro: Ed. Paz e Terra, 2000.

filosófica da tragédia teria transformado-a em "documento ontológico", "marginalizando soberbamente o ensinamento de *A Poética*. Com uma única exceção, pudica e secreta: a de Hölderlin" (TAMINIAUX, 1995, p. 6). Evidentemente, não será possível aqui tratar com muita profundidade de todas essas interpretações, por enquanto, basta-me indicar como todas elas culminam, de modo inevitável, com Hölderlin. De fato, o poeta alemão parece estar de maneira privilegiada, e talvez, hoje ainda insuperada, na base de toda reflexão moderna sobre o trágico. A idéia de permanência do trágico que este texto pretende defender diz respeito à possibilidade de interpretar o pensamento trágico de Hölderlin como uma Poética da História.[2]

Embora esteja de acordo com o princípio geral da avaliação de Jacques Taminiaux, a de que a leitura "moderna" do trágico consistiu naquele "desvio" em direção ao ontológico ignorando a dimensão da ação (*práxis*) que estaria supostamente em jogo na concepção aristotélica do trágico, gostaria de fazer uma ressalva e redistribuir aquelas duas vertentes de interpretação "moderna" do trágico de um modo um pouco distinto ao de Taminiaux: A primeira vertente seria dialético-especulativa, mais propriamente filosófica e assumiria a oposição intrínseca ao trágico como uma contradição ou conflito lógico a ser superado, enquanto a segunda, à qual eu chamaria de poética ou histórica, compreenderia o trágico como uma espécie de condição da história, ou ainda, entenderia a catarse como um fundamento fornecido pela tragédia à reflexão filosófica sobre a história. Nesta última vertente, eu incluiria a concepção trágica de Hölderlin, sobre a qual ele construiu sua "filosofia da história".

Portanto, concordo com a tese de Taminiaux, de que a interpretação moderna do trágico, em sua grande parte (ou melhor, na sua parte "dominante", isto é: Schelling e Hegel), fez uma leitura redutora dos ensinamentos contidos n'*A Poética* de Aristóteles. Lembro ainda da tese arendtiana sobre o privilégio do político, da *práxis* (em detrimento da *poiesis*, perspectiva da produção e da fabricação tão valorizada pelos Modernos) no pensamento antigo, tese que está, a meu ver, subjacente ao problema de Taminiaux. Mesmo assim, não estou disposta a aceitar que o Estagirita pretendesse encontrar na tragédia (no herói trágico?), precisamente no ambiente da *poiesis* (lembro simplesmente do nome do livro de Aristóteles: *Poiética*), um modelo ou princípio da ação (*práxis*) na realidade. Como interpretam muito bem Roselyne Dupont-Roc e

---

[2] Cf. LACOUE-LABARTHE, Ph. *Poétique de l'histoire*. Paris : Ed. Galilée, 2002. Aqui, diferentemente de outras ocasiões, a inspiração foi apenas quanto ao título do livro, já que não se trata nele, nem do trágico nem de Hölderlin, especificamente, mas, sim, de Rousseau.

Jean Lallot (tradutores para o francês da *Poética*) a passagem 49b 36-50 a 8, que está no famoso e essencial capítulo VI no qual se define a tragédia, "São conceitos da *poética e não da ética* que são aqui definidos".[3] Eles nos propõem mesmo que a ordem ética obedeça a um caminho inverso ao da ordem mimético-poética. Ora, argumentam os tradutores, se na realidade (da ética), há pessoas dotadas de caráter que realizam ações; na "ordem poética" (telelológica ou ficcional), o tragediógrafo deve, em primeiro lugar, conceber a história ou o mito, apenas a partir do qual ele encontrará na tradição os personagens que verossimilmente poderão agir de acordo com o fim previamente estabelecido da história. Ou seja, o herói e a qualidade (virtude ou vício) do herói vêm por último.

O próprio Schelling atentou para esses limites da arte, advertindo-nos acerca do risco de ultrapassá-los em direção a uma ética, o que, segundo o filósofo, equivaleria ao perigo de exigir dos homens que eles se tornassem "uma raça de Titãs".[4] Pois é muito arriscado o caminho da *Estetética*, neologismo criado por Lacoue-Labarthe para designar uma nova classificação de éticas inspiradas por estéticas, na qual o autor incluía não apenas o empreendimento de Lacan, mas de todos os filósofos da arte de nossa época (LACOUE-LABARTHE, 1991, p. 31). Parece que ainda não se deu a devida atenção aos riscos dessa operação que consiste em tentar arrancar uma Ética da Estética, fundando aquela no exemplo da excelência e do virtuosismo que, normalmente, caracterizam a Estética. Diante da extrema dificuldade contemporânea de apresentar o que seja a Idéia de Bem, é compreensível que não poucos (nem pequenos) filósofos, de Heidegger a Taminiaux, tenham cedido à forte sedução exercida pela solução que consistiu em tentar refundar a Ética, segundo os padrões de uma exemplaridade heróica, na Estética.

Deixo de lado a difícil discussão entre Ética e Estética, para retomar o tema da permanência do trágico. Segundo Jacques Taminiaux, haveria, então, na História da Filosofia, dois tipos de leitura possíveis: uma, lógico-dialética, ou simplesmente lógica, que transformou o alcance do trágico, reduzindo-o a um mero "documento ontológico";[5] e outra,

---

[3] Conforme assinalam nas "Notas" à sua tradução da Poética. Cf. ARISTOTE. *Poétique*. Paris: Èditions du Seil, 1980, p. 198 (grifo meu – VF).

[4] SCHELLING, Fr., "Cartas filosóficas sobre Dogmatismo e Criticismo" (10ª), trad. Rubens Torres Filho, Coleção Os pensadores, São Paulo: Abril Cultural, 1980. p. 35: "Mas tal luta também só é pensável em função da arte trágica: não poderia tornar-se um sistema do agir, já porque um tal sistema pressuporia uma raça de titãs".

[5] Recentemente, na defesa de tese de doutorado de Bruno de Almeida, ocorrida no Programa de Pós-Graduação em Filosofia da UFMG, José Henrique Santos questionou a "demonização", empreendida por Taminiaux, dessa leitura filosófica da tragédia. Cito José Henrique Santos "qual o problema de a filosofia apropriar-se de mais essa questão? Ora, a filosofia sempre falou sobre tudo, sobre arte, direito, costumes, ciência, por que a tragédia haveria de escapar desse assédio?"

"pudica e secreta", constituída precisamente pela leitura de Hölderlin, a qual, diferindo de Taminiaux, preferi chamar de "poética" (FIGUEIREDO, 2001, p. 242), uma vez que tratei de interpretar a sobriedade hölderliniana como uma espécie de tradução ou fidelidade ao princípio crítico kantiano, da separação entre as esferas. De como essa concepção poética estava intrinsecamente implicada a uma reflexão sobre a História foi algo de que tomei consciência apenas recentemente e o que me levou a não só reformular textos antigos como aceitar publicar este nem tão novo texto.

Portanto, tenho certeza de que a afirmação da permanência do trágico só se sustenta amparada por uma concepção radical como a hölderliniana, em torno da qual, não por acaso, há uma espécie de unanimidade que reúne autores tão diversos (até adversários) como Heidegger e Adorno, passando por Walter Benjamin, Peter Szondi e o próprio Jacques Taminiaux, como acabamos de ver. Voltemos a essa reflexão sobre o trágico que, a meu ver, não é lógico-prática e muito menos ético-política como pretendia Taminiaux, mal interpretando, "o ensinamento da Poética de Aristóteles". A questão que obcecava Hölderlin era menos, a meu ver, "*o que* fazer?" Pergunta à qual ele talvez respondesse sem hesitar: "Escrever poesia, teatro"; mas a questão era "*como* escrever a poesia e o teatro dos Modernos uma vez que a 'regra dos Antigos', justamente a aristotélica, já estava perdida?" Ou seja, uma pergunta *poiética* e não prática (no sentido moral e político imediatamente)... Que Hölderlin tenha tentado responder à pergunta sobre a arte, consciente de que ela envolvia uma atitude ou posicionamento histórico frente aos Antigos, aos Gregos, foi o que tornou precisamente seu conceito de trágico uma exceção, à qual tentarei me dedicar aqui.[6]

Não conheço uma apropriação filosófica mais aguda do alcance do pensamento hölderliniano do que a que Heidegger exprimiu na sua conferência "Introdução à Metafísica", com a seguinte frase lapidar que cito a seguir: "(enquanto) Hegel olha para trás e fecha um ciclo, Hölderlin olha para frente e abre outro ciclo" (HEIDEGGER, 1987, p. 151). Reflitamos um pouco sobre as implicações dessa pequena frase, na qual Heidegger não hesita em colocar Hölderlin não só numa posição equivalente (em termos filosóficos) a Hegel, mas mesmo em posição de superioridade, no lugar de "abertura" de um novo ciclo; a segunda conseqüência é

---

[6] Aproveito aqui para agradecer o convite de Douglas Garcia Alves Júnior para participar no Colóquio "Destinos do Trágico", o qual me forneceu o pretexto que faltava para retomar o problema do trágico, seguindo outra motivação mais recente e inesperada: a de perceber precisamente a reflexão hölderliniana do trágico como uma Poética da História.

a de apontar que a culminância do pensamento talvez seja poética e não mais filosófica, cujo ciclo, hegeliano, "se fechou"; do outro lado da linha, Hölderlin aparece com sua "dialética" feita sob o registro da interrupção, da cesura e da irresolução, dialética, por conseguinte, trágica e logicamente insolúvel. Heidegger se deu conta rapidamente do difícil lugar que a poesia-pensamento de Hölderlin ocupava, lugar da contracorrente, ou do pensamento a contrapelo, no momento mesmo em que se instalava modernamente a reflexão filosófica sobre a tragédia, ou, em outras palavras, no momento em que a filosofia transformava conflito político em contradição lógica, e a sua resolução histórico-dialética, através da síntese, inevitavelmente comprometida com o progresso otimista da razão. É nesse ambiente em que, a meu ver, refletindo sobre a tragédia moderna, Hölderlin acaba por escrever o que eu chamaria de uma verdadeira "Poética da História".[7]

*

Mas, antes de enfrentarmos o que chamei de "Poética da História", talvez caiba aqui apresentar esse poeta alemão que viveu entre os anos 1770 e 1843, foi amigo de Schelling e Hegel na juventude e cujo triste destino acabou sendo uma espécie de reclusão ou internação no segundo andar de uma torrezinha na cidade de Tübingen, onde morou com a família do marceneiro Zimmer que o sustentou e o alimentou por mais de trinta anos, durante os quais foi tido como louco. Parece que foi após a sua curta estadia em Bordeaux (de dezembro de 1801 a maio de 1802), no sudoeste da França, o terrível diagnóstico de sua loucura decretada pelos seus próprios amigos como prova essa carta de Schelling a Hegel do dia 11 de julho de 1803. Schelling, consternado diante das traduções de Sófocles, as quais Hölderlin lhe enviara na esperança de que o amigo, recém "adotado" por Goethe, pudesse indicar a sua encenação no teatro de Weimar, escreve assim a Hegel:

> O espetáculo mais triste pelo qual passei durante minha estadia nessa cidade foi o de Hölderlin. Desde sua viagem à França (para onde foi por uma recomendação do professor Ströhlin com idéias totalmente falsas sobre o que lhe competiria fazer no seu novo emprego, e de onde voltou em seguida, pois parece que exigiram dele coisas que era incapaz de fazer ou às quais a sua suscetibilidade não lhe permitiu submeter-se) – depois dessa viagem fatal, seu espírito ficou totalmente transtornado; e ainda que seja capaz numa certa

---

[7] A partir deste ponto, retomo alguns parágrafos do meu texto "Viagem à Grécia".

medida de fazer alguns trabalhos (por exemplo, traduções do grego), ele se encontra num estado de ausência total de espírito. Vê-lo me arrasou: negligencia sua aparência a ponto de provocar nojo; e se suas palavras não indicam tanto um estado de alienação mental, ele assumiu os modos daqueles que se encontram em tal estado. Aqui, não há mais esperança em restabelecê-lo. Pensei em pedir-lhe para se encarregar dele, se for para Iena, como tem vontade. Está precisando de um ambiente tranqüilo.[8]

Além do provável prejuízo, que se pode verificar, quanto à recepção da obra, principalmente a das traduções, tem-se o direito de suspeitar dos inevitáveis efeitos, também sobre a vida do poeta, provocados pelo tétrico diagnóstico de loucura, num certo sentido, sombriamente sinalizado pela correspondência do próprio Hölderlin, através das duas cartas a seu amigo Böhlendorf que enquadram, por assim dizer, a sua viagem à França. Na primeira carta, de 4 de dezembro de 1801, anunciando que irá se tornar preceptor dos filhos do cônsul alemão na França, Hölderlin diz temer "o destino do antigo Tântalo, o de receber dos deuses mais do que poderia suportar" (HÖLDERLIN, 1994, p. 134); e na segunda, de abril de 1802, ele descreve a sua curta estadia na França, mais uma vez, relacionando-a ao mito: "O elemento violento, o fogo do céu e o silêncio dos homens, a sua vida na natureza, a restrição e o contentamento me assolaram com insistência e, como se costuma referir aos heróis, posso bem dizer que Apolo me acertou" (HÖLDERLIN, 1994, p. 135).

Mas não pretendo me estender mais sobre a loucura do poeta, nem na sua versão biográfica (como é o caso da carta de Schelling a Hegel), nem muito menos na versão mitologizante, como o próprio poeta insinua na sua correspondência com Böhlendorf, ao identificar sua vida com a dos deuses ou heróis. Num outro contexto (FIGUEIREDO, 2002), propus, ao contrário da versão mitologizante, que a viagem a Bordeaux, teria propiciado, como uma espécie de catarse, a inauguração de um princípio poético da sobriedade ou do comedimento. Mas hoje, como disse acima, tentarei abordar a difícil concepção hölderliniana da História.

***

Para se atingir essa concepção hölderliniana da História, é preciso fazer um breve desvio pela querela ainda vigente na Alemanha do século

---

[8] Cf. HEGEL, *Correspondance* I, Paris 1962, p. 72/3 *apud* HÖLDERLIN, *Oeuvres*, Bibliothèque de la Pléiade, Ed. Gallimard, Paris, 1967, nota da tradutora D. Naville, p. 1243/4. A mesma tradutora comenta que "depois de ler essas linhas, duvida-se que Schelling tenha tomado qualquer providência" no sentido de influenciar os manda-chuvas, na época, do teatro de Weimar, Goethe e Schiller, para que eles aprovassem a encenação das traduções hölderlinianas.

XVIII, entre os Antigos e os Modernos, e a concepção algo inédita e original que o poeta inventou sobre os Gregos. Beda Allemann explicita a estranheza, frente a seus contemporâneos, da concepção "oriental" da Grécia hölderliniana. Em seu ensaio, não à toa, intitulado "Hölderlin entre les Anciens et les Modernes", ele diz:

> No último período de seu trabalho, (Hölderlin) renuncia [...] àquilo que era comum entre os seus contemporâneos, e que ele próprio havia professado nas suas primeiras tentativas, isto é, olhar a Antigüidade como a época da juventude da humanidade civilizada em geral (uma humanidade considerada mais ou menos universalmente a partir de um centro que não é outro senão a Europa), e correlativamente considerar a época contemporânea como a velhice cada vez mais prosaica do que havia sido a juventude mesma. (ALLEMANN, 1989, p. 309)

Para Lacoue-Labarthe, no entanto, Hölderlin teria ido mais longe do que apenas rejeitar a Grécia infantil e sua imagem nostálgica, ele teria apontado para sua possível inexistência. É como ele se refere, em "Hölderlin e os Gregos", insinuando que o poeta, na sua tentativa de formular o princípio de uma arte moderna teria se dado conta da impossibilidade de uma imitação dos Gregos, convencido de que "a *Grécia*, como tal, a Grécia *ela mesma,* não existiu"; talvez nunca tenha existido ou, quem sabe, Hölderlin tenha descoberto que a Grécia era "pelo menos dupla, dividida – quase rasgada. E que aquilo que conhecemos dela, que é talvez o que ela foi ou o que manifestou de si mesma, não é o que ela realmente era – o que, em contrapartida, talvez nunca tenha aparecido" (LACOUE-LABARTHE, 2000, p. 218).

Mas a leitura labarthiana de Hölderlin não pára aí, nessa originalidade da Grécia hölderliniana (da "Grécia dupla, dividida ou quase rasgada"), pois eu diria que o interesse de Lacoue-Labarthe é, em última análise, o mesmo do poeta, i.é., mais do que uma reflexão sobre os gregos, quer-se saber o que são os Modernos, e de que modo aquela Grécia ferida não acabaria por afetar também a possibilidade da arte moderna. Resumindo bastante, Lacoue-Labarthe concluiria que a excentricidade do poeta, com relação aos seus contemporâneos, estaria, não somente no seu conceito sobre os Gregos, mas no modo, mais profundo e rico de conseqüências, como reformulou a querela entre os Antigos e os Modernos. Repetindo, a grande contribuição do poeta, para Lacoue-Labarthe, seria o modo inédito como Hölderlin concebeu a querela entre Gregos e Antigos, quer dizer, como uma filosofia da história ou, nos termos que lhe interessam, como uma *mimetologia.* Mas a compreensão desse caráter filosófico da poética de Hölderlin nasce, ou, pelo menos, consolida-se,[9] como já foi assumido um pouco acima, com a interpretação heideggeriana, que foi a primeiríssima a vislumbrar o alcance, digamos assim, "extra-poético" daquela poética.

Poder-se-ia então concluir que o aspecto comum a todas essas leituras, de certo modo, herdeiras da interpretação "filosófica" de Heidegger, é a ênfase na construção inaudita de história que Hölderlin nos oferece? – Talvez. E mais do que isso, elas seriam sensíveis à questão heideggeriana que, formulada um pouco grosseira e abruptamente, consistiria em, assumindo essa lógica histórica ou poética de Hölderlin confrontar-se com a lógica dialético-filosófica de Hegel? Atentos à importância e à originalidade daquela reflexão hölderlininana sobre a história, os autores foram tentando decifrá-la segundo nomes ou perspectivas que jamais coincidem totalmente: Beda Allemann chamou-a de "dinâmica" ou "ultra-dialética", enquanto Lacoue-Labarthe a designou "mimetológica", "hiperbológica" ou simplesmente "trágica" (LACOUE-LABARTHE, 2000, p. 181-209). Com outras palavras, o que me permite afirmar a permanência do trágico é que esse princípio "mimetológico" ou "trágico" (como o revela a leitura que Lacoue-Labarthe faz de Hölderlin), ou simplesmente "historial"[10] (Heidegger), o qual, em oposição ao princípio histórico-dialético de Hegel, é essência do movimento da história, talvez ainda continue em vigor.

Essa mimetologia ou filosofia da história consistiria numa impossibilidade da síntese nostálgica (ou dialética[11]) entre a natureza e a arte.

---

[9] É possível que o ensaio de Walter Benjamin "Dois poemas de Friedrich Hölderlin" (1914-1915) tenha inaugurado aquela apreensão filosófica da obra de Hölderlin. Os artigos de Heidegger sobre o poeta datam de 1935-36, mas como é sabido, o texto de Benjamin permaneceu inédito até 1955, quando Adorno e Scholem publicaram a primeira coletânea de ensaios dispersos de Benjamin (LACOUE-LABARTHE, 2000, p. 285).

[10] Talvez a normalmente obscura noção heideggeriana de "historial" possa afinal ser explicada pela reflexão poético-histórica de Hölderlin.

[11] Gostaria aqui de enfatizar essa diferença que considero marcante dentro das diversas interpretações da obra de Hölderlin que conheço. Trata-se da necessidade de não reduzir a abordagem histórico-poética de Hölderlin à concepção dialética de Hegel da história. Parafraseando o título do ensaio labarthiano, tratar-se-ia de suspender o dialético dentro do especulativo. Então, se autores como Lacoue-Labarthe e Beda Allemann, cujas leituras estou filiando à heideggeriana, as quais, exatamente por causa dessa herança, estão muito atentos àquela diferença entre Hölderlin e o grande monstro da dialética moderna que é Hegel, o mesmo não ocorre com outras leituras, também atentas à filosofia hölderliniana da história, como, por exemplo, são as de Peter Szondi e de Jacques Taminiaux. Estes, incapazes de operar com a noção mimetológica (esse é o conceito que devemos guardar) de história em Hölderlin, quando precisam dividir a obra poética que, com razão, eles percebem abriga, pelo menos, duas concepções do trágico, são obrigados a apelar para critérios externos. No caso de Jacques Taminiaux, ele recorre a um critério, no mínimo obscuro, que consiste em atribuir "graus metafísicos". Então, haveria um primeiro conceito de trágico "mais metafísico" e que se encarnaria no Empédocles, obra que Hölderlin estava tentando escrever durante o período entre1798-1800; e um segundo, "mais prático e ético", encarnado nas traduções de Sófocles, publicadas

Em Hölderlin, há uma espécie de intransigência ou radicalidade extrema que não permite ao impulso formador (*Bildungstrieb*), que vai da natureza à arte, dos homens aos deuses, encontrar um descanso, um momento de resolução apaziguante. Excetuando-se o fato de partirem de pólos opostos, as tendências culturais, dos Antigos ou dos Modernos, não seriam essencialmente distintas. Em outras palavras, a origem da cultura (pouco importa se dos Gregos ou dos Hespéricos) é *trágica*. Na verdade, essas tendências estariam sujeitas àquilo que Lacoue-Labarthe chama de uma "dobra interna", que duplicaria, a cada vez, um dos termos envolvidos na oposição (Antigos e Modernos, Natureza e Arte) abrindo uma ferida inaugural na essência de toda cultura, a qual, traduzida nas categorias de "próprio e impróprio", redundaria na descoberta de uma lei essencial da "(des)apropriação" (LACOUE-LABARTHE, 2000, p. 220). Isso significa que o movimento interminável a que toda cultura está submetida, o movimento de apropriação ou disso, que Hölderlin chamava de "nationel", natal ou nativo, só se instala "sob a condição de ter passado pela prova de sua alteridade e de sua estranheza" (LACOUE-LABARTHE, 2000, p. 218).

***

Voltemos à "hiperbológica", nome através do qual Lacoue-Labarthe designa a lógica trágica de Hölderlin a qual, apesar de especulativa, não se confunde com a lógica dialética, como já foi dito, e a qual se mostrou como a única adequada ao complexo movimento da História. É inevitável discriminarmos no termo, primeiramente, duas palavras: a hipérbole e a lógica. E, antes de nos apressarmos numa tradução de que a "lógica" hölderliniana da "história" seria uma "lógica do excesso" (o que, talvez, ela não deixe de ser), procuremos reter o sentido geométrico da hipérbole que é o de uma curva não fechada e excêntrica[12] (FIGUEIREDO; PENNA, 2000, p. 9-46), pois parece ser esse sentido geométrico um dos que mais importou a Beda Alemann, ao traduzir num gráfico o "itinerário excêntrico das tendências culturais" tanto dos Gregos quanto dos Hespéricos.

---

em 1804, nas quais Hölderlin teria assumido até as últimas conseqüências o ensinamento da Poética de Aristóteles. (cf. Le Théâtre des Philosophes). Já para Peter Szondi, as duas concepções do trágico em Hölderlin seriam formuladas justamente como dialéticas, mudando apenas a direção, de uma para outra: a primeira concepção do trágico consistiria numa dialética horizontal entre arte e natureza e a segunda, numa dialética vertical entre mortais e divinos. (cf. Le concept du tragique chez Schelling, Hölderlin et Hegel, in *Poésie et poétique de l´Idéalisme Allemand*).

[12] Aí, desenvolvemos mais minuciosamente a noção de hipérbole e de "hiperbológica".

Natureza	Fogo do Céu	Mundo dos Mortos
Hespéricos		Gregos
Arte	Sobriedade Junoniana	Terra

Segundo esse gráfico, os gregos (ou os "Antigos" como diria todo o século XVIII) têm como "próprio" ou natural o "Fogo do Céu", a proximidade com o divino, e, como tendência cultural, que sempre caminha em direção oposta ao próprio, a "Sobriedade Junoniana", o frio domínio, o império supremo da razão. Os hespéricos (ou "Modernos") têm como próprio a claridade da apresentação, a "Sobriedade Junoniana", e, como tendência cultural, seguem para o "Fogo do Céu", para a reunião perigosa com o divino. Mas o esquema seria muito simples se se tratasse de uma "reciprocidade inversa". Parece, segundo Allemann, que essa complexa filosofia da história de Hölderlin sofreu, durante muito tempo, aquela redutora interpretação, ou seja, a de que as culturas dos Antigos e dos Modernos mantinham entre si uma relação unicamente de inversão. Com sua proposta de um "gráfico hiperbólico", Beda Allemann estaria, portanto, tentando desfazer o equívoco daquele reducionismo.

O itinerário da tendência cultural tanto dos Antigos quanto dos Modernos não se deixa reduzir a uma simples relação de reciprocidade inversa, e, sendo hiperbólico, ele acaba por apontar para um paradoxo fundador da cultura, ou, nas palavras de Lacoue-Labarthe: para "o enigma da impossível aproximação do próprio". Se para o grego é impossível atingir o Fogo do Céu, i.é., aquilo que lhes é mais próprio e natural, para os hespéricos também é impossível alcançar o império da razão. Daí porque, para Hölderlin, o gênero moderno por excelência é o lírico, e o perigo da arte moderna consiste em sua tendência para a dissolução no Uno.

Percebe-se o quanto esse esquema não se deixa resolver numa síntese nem se fecha num círculo. A história já não será um progresso nem se movimentará dialeticamente para Hölderlin. A relação entre arte e natureza torna-se catastrófica. A mimese duplica a oposição originalmente especulativa, suscitando um dispositivo infinitamente repetidor. O interessante do gráfico de Beda Allemann é que ele permite representar aquela duplicação à qual se referia Lacoue-Labarthe. Assim, a partir da relação entre Antigos (gregos) e Modernos (hespéricos), os pares de opostos vão se "dobrando" na armadura especulativa de Hölderlin: Natureza e Arte, Fogo do Céu e Sobriedade Junoniana, Mundo dos Mortos e Terra. Suspendendo a resolução do especulativo num terceiro elemento, o esquema vê-se fadado a repetir incessantemente o encarceramento que lhe é imposto a cada vez por uma nova dupla de opostos, dobrando-se internamente, como diz Lacoue-Labarthe. Mecanismo esse que abre na origem de toda cultura uma ferida, que não fecha nunca (lembram que a curva geométrica é aberta?). É essa a sua paradoxal finitude.

Não sei se ficou totalmente claro que, para Lacoue-Labarthe, aquela "dobra interna", característica do movimento da lógica trágica de Hölderlin, é um efeito da irrupção da mimetologia no seio do especulativo. Trata-se aqui, como indicava João Camillo Penna (FIGUEIREDO; PENNA, 2000), do "tropo do espelho"; o espelhamento duplica, impedindo o princípio de resolução, estagnando (a lógica) "numa oscilação interminável entre dois pólos" (LACOUE-LABARTHE, 2000, p. 203) ou numa "repetição incessante do esboço do processo dialético" (LACOUE-LABARTHE, 2000, p. 203). Ao estar seguindo aqui de muito perto e quase de maneira exclusiva a interpretação labarthiana de Hölderlin, não creio estar contradizendo o que assumi antes: "Que a apropriação filosófica mais aguda do pensamento hölderliniano talvez tenha sido a de Heidegger", pois, na verdade, considero que a interpretação labarthiana está totalmente atravessada pelo comentário heideggeriano, embora a ele não se deixe reduzir,[13] assim como ainda acrescenta a ele aquela contribuição, à qual acabo de me referir, e que é a da mimetologia.

Tentando concluir e resumir o jogo das alianças e dos conflitos:

---

[13] No entanto, cabe registrar o quanto a leitura de Lacoue-Labarthe dos textos de Hölderlin e mesmo a encenação das tragédias (Lacoue-Labarthe não apenas traduziu as traduções de Hölderlin de Sófocles – do Édipo e da Antígona, como as encenou como diretor) então, essa freqüentação dos textos de Hölderlin acabou por afastá-lo de forma bastante definitiva, do comentário de Heidegger. Essa tendência já se fazia sentir na crítica à apropriação "mítico-teológica" ou à sobredeterminação política do comentário heideggeriano dos poemas de Hölderlin. Alguns ecos daquela crítica podem ser ouvidos num ensaio como "A coragem da poesia" (1993). Mas esse distanciamento fica assim evidente no trabalho mais recente do autor. Um exemplo dessa posição está num depoimento (preâmbulo que ele escreveu à tradução portuguesa de Metaphrasis, 1999) no qual demonstrou o quanto a encenação e o trabalho com os atores, seguidos de "um longo e paciente trabalho filosófico, convenceram-(no) do temível obstáculo que constitui, na nossa "abordagem de Hölderlin", o comentário heideggeriano – sem o qual no entanto, apesar da tradição aberta por Benjamin (Adorno, Peter Szondi), é incontestável que Hölderlin nunca se teria tornado aquilo que se tornou para nós". Ainda nesse mesmo contexto, o autor registra o "embaraço" de alguns comentadores como Beda Allemann e Jean Beaufret diante do espectro da leitura de Heidegger (Cf. "O Imperativo do Pensamento", in *A Imitação dos Modernos*, op.cit., p. 27).

Em primeiro lugar, junto com Lacoue-Labarthe, aderimos ao "partido" de Heidegger no seu difícil empreendimento crítico contra Hegel, tentando escapar da *lógica* histórico-dialética. Acompanhamos, portanto, o movimento de Heidegger, quando ele se vale da abertura na história para o poético ("Hölderlin olha para frente e abre outro ciclo"), fazendo desmoronar, em sua origem trágica, a razão dialética, ao transformar a contradição em paradoxo, impasse para todo pensamento.

O segundo ponto não seria mais do que um simples desdobramento do primeiro. Ainda "estamos" na apreensão filosófica que Heidegger fez da poesia-pensamento de Hölderlin. Se encararmos a proposta heideggeriana como inserida no tema "Filosofia e Literatura", teremos de reconhecer sua originalidade e ineditismo frente a tradição da História da Filosofia. Ao invés de a poesia servir de exemplo ou aplicação de teses filosóficas, aqui talvez tenha se dado o caso contrário, aqui talvez a poesia tenha inspirado formulações tais como a estrutura velamento-desvelamento da *alétheia* e a noção de "historial". O diálogo entre poesia e pensamento deu-se, portanto, de modo inédito, afetando, não só a determinação lógica como a reflexão sobre a História.

Finalmente, cabe mencionar um dos pontos que distingue profundamente a interpretação labarthiana da heideggeriana, tornando-as num certo sentido irredutíveis uma à outra. Trata-se da idéia labarthiana de uma "irrupção da mimetologia no pensamento hölderliniano sobre a história". A *mimesis* aparece para cumprir um papel de mecanismo de duplicação dos pares de opostos, impedindo-os de uma resolução. No interior da lógica trágica hölderliniana da história, batizada de "hiperbológica", Lacoue-Labarthe apontou para aquela essência mimética a reger as principais relações humanas: desde a articulação historial entre Antigos e Modernos até a religiosa, entre deuses e homens, passando pela artístico-científica entre natureza e arte. Quanto a este último ponto, estamos totalmente alinhados com a interpretação labarthiana, a qual nos permite afirmar que a lógica trágica, base da poética, constitui também a origem e o movimento da História. Sem resolução possível, sendo essencialmente suspensão e interrupção, essa lógica está mais próxima do paradoxo do que da contradição.

***

Apêndice I - Sobre o paradoxo

A estranheza da lógica trágica vê-se muito bem representada no paradoxo, que é outro adjetivo que qualifica a "hiperbológica". Procurando em outras paragens uma definição possível do paradoxo, encontrei num texto de Maurice Blanchot, intitulado, "La pensée tragique", uma esclarecedora diferença entre o trágico e o mundano:

> O homem do mundo vive nas nuances, nos graus, claro-escuro, o encantamento confuso ou a mediocridade indecisa: o meio (milieu). O homem trágico vive na tensão extrema entre os contrários, eleva-se do sim e não confusamente misturados ao sim e não claros e claramente mantidos na sua oposição. (BLANCHOT, 1969, p. 141)

O homem trágico de Blanchot é ciclotímico; passando de um extremo ao outro, ele experimenta os limites, ao contrário do homem mundano, para quem os limites são abstrações. Há muita afinidade entre esse percurso pendular, oscilatório e a concepção finalmente rítmica a que talvez acabe por se reduzir a "lógica trágica" de Hölderlin na sua impossível superação do dispositivo especulativo, enclausurada dentro do paradoxo ou do percurso entre dois pólos cuja conexão, dizia o próprio Hölderlin, não seria mais "lógica", mas, sim, "rítmica" ou "lógica da alternância infinita", como também a definiu Lacoue-Labarthe em seu livro *La fiction du politique*.

Continuando ainda no mesmo ensaio, Blanchot afirma estar seguindo "a via aberta por Lucien Goldmann, um dos primeiros comentadores que, ao ler e estudar Pascal, teria aplicado nessa leitura e estudo certos princípios do materialismo dialético" (BLANCHOT, 1969, p. 140). Cita então Goldmann para afirmar que a forma do trágico é o paradoxo:

> Que forma conviria ao pensamento trágico? Uma forma paradoxal, diz Goldmann [...] Paradoxal: isso quer dizer que se leva sempre ao extremo as afirmações contrárias que é preciso manter juntas, ainda que, não podendo evitar o paradoxo, não se pode tampouco aceitá-lo, pois o que se busca é o acabamento da síntese que afirma em termos absolutos, mas como absolutamente ausente. Paradoxal é portanto o contrário de ambíguo. O paradoxo exige sempre a maior clareza na maior contrariedade.[14]

O paradoxo estava, no exemplo do fragmento pascalino, a serviço da presença-ausência de Deus, o que talvez não seja muito diferente do caso de Hölderlin, embora Lacoue-Labarthe, comentando justamente "o motivo da dupla infidelidade, humana e divina, enquanto condição de possibilidade (transcendental, portanto) da salvaguarda historial",

---

[14] GOLDMANN, L. Le Dieu caché, *apud* BLANCHOT, M. *L'Entretien infini*. Paris: Gallimard, 1969, p. 152.

tenha feito a ressalva de que a paradoxia hölderliniana atingia ali (na relação entre o homem e Deus), "o seu ápice – muito mais radical, por exemplo, do que em Pascal" (LACOUE-LABARTHE, 1998, p. 35-36). Na verdade, foi ele que levou às últimas conseqüências o desejo especulativo pelo divino, descobrindo que a única via possível, para os Modernos, era, afinal, o afastamento dos deuses, ou o que dá no mesmo, recair na finitude, na separação e na diferenciação, ou ainda e de novo, nas palavras de Lacoue-Labarthe "o próprio excesso do especulativo permuta-se em excesso da submissão à finitude" (LACOUE-LABARTHE, 2000, p. 205).

APÊNDICE II - SOBRE A CATARSE

Mas não poderia concluir sem citar as duas definições do trágico que nos legou Hölderlin nas suas famosas *Observações sobre o Édipo e Antígona*. Cito-as:

> 1) A apresentação do trágico repousa, principalmente, sobre o fato de que o monstruoso, como o Deus-e-homem se acasalam, e como, ilimitadamente, a potência da natureza e o recôndito do homem se tornam Um na fúria, se concebe por isso que o devir-um ilimitado se purifique por uma separação ilimitada. (HÖLDERLIN, 1967, p. 957)

> 2) A apresentação do trágico repousa, como foi indicado nas *Observações sobre o Édipo*, sobre o fato de que o Deus imediato, inteiramente Um com o homem (pois o Deus de um apóstolo é mais mediado, sendo o mais alto entendimento no mais alto espírito), que a infinita possessão pelo espírito, separando-se de maneira santa, apreenda-se infinitamente, quer dizer nas oposições, na consciência que suprime a consciência, e que Deus esteja presente na figura da morte. (HÖLDERLIN, 1967, p. 963)

O modo como o poeta distribuiu as duas tragédias de Sófocles que ele traduziu: o Édipo e a Antígona como a mais moderna e a mais grega, respectivamente, repete aquela estrutura em quiasma através da qual Hölderlin se propunha a ler a própria História. O que acaba por provar que as duas formulações do trágico, nas *Observações sobre o Édipo e sobre a Antígona*, contêm muito mais do que uma "simples poética", mas "um pensamento da história e do mundo, da relação do homem com o divino – ou do céu com a terra –, da função da arte e da necessária catástrofe do natural em cultural, do movimento de alternância ou de torça, em geral, entre o próprio e o impróprio" (LACOUE-LABARTHE, 2000, p. 205). Essa ampliação do pensamento hölderliniano se deve, segundo

Lacoue-Labarthe, à "generalização da catártica" para além da relação espetacular, sobre a qual Aristóteles havia edificado a sua teoria da catarse. Lacoue-Labarthe ainda chama a nossa atenção para o fato de a concepção hölderliniana do trágico, ao contrário da que foi elaborada por seus contemporâneos, não só não denegou a catarse como a privilegiou como mecanismo essencial da tragédia ou senão mesmo, mais uma vez, mecanismo que movimenta a História, se conseguimos provar que esta última também é regida pela lógica mimética e paradoxal do *doublé bind* (da dupla coação que estrutura a identificação mimética "Seja com eu/ Não seja como eu") (LACOUE-LABARTHE, 2000, p. 196). Essa catarse acarretaria uma necessária e infinita separação com o deus, ou um voltar-se para a nossa condição a-téia, a qual tenho o direito de chamar de "Moderna" ou "Hespérica", segundo a terminologia do próprio Hölderlin.

REFRÊNCIAS

ALLEMANN, B. *Hölderlin et Heidegger.* Trad. François Fédier. Paris: Presses Universitaires de France, 1959.

ALLEMANN, B. Hölderlin entre les Anciens et les Modernes. In: *Cahiers de l'Herne, Hölderlin.* Paris: Ed. De l'Herne, 1989.

ARISTÓTELES. *Poétique.* Trad. de Roselyne Dupont-Roc et Jean Lallot. Paris: Ed. Du Seuil, 1980.

BLANCHOT, M. *L'Entretien Infini.* Paris: Ed. Gallimard, 1969.

FIGUEIREDO, V. O sublime como experiência do trágico moderno. In: *Mimesis e Expressão.* Belo Horizonte: Ed. UFMG, 2000.

FIGUEIREDO, V. Viagem à Grécia. In: *Kátharsis,* reflexos de um conceito estético. Belo Horizonte: Ed. C/ARTE, 2002.

FIGUEIREDO, V.; PENNA, J.C. O Imperativo do Pensamento. Introdução de *A Imitação dos Modernos.* Rio de Janeiro: Ed. Paz e Terra, 2000.

HEIDEGGER, M. *Introdução à Metafísica.* Trad. E. Carneiro Leão. Rio de Janeiro: Tempo Brasileiro, 1987.

HÖLDERLIN. *Oeuvres.* Bibliothèque de la Pléiade, Paris: Ed. Gallimard, 1967.

HÖLDERLIN. *Reflexões.* Trad. de Márcia de Sá Cavalcante, Rio de Janeiro: Ed. Relume Dumará, 1994.

LACOUE-LABARTHE, Ph. *Métaphrasis suivi de Le Théâtre de Hölderlin.* Paris: PUF, Les essais du Collège International de Philosophie, 1998.

LACOUE-LABARTHE, Ph. *Poétique de l'histoire*. Paris: Ed. Galilée, 2002.

LACOUE-LABARTHE, Ph. De l'éthique: à propos d'Antigone. In: *Lacan avec les philosophes*. Paris : Albin Michel, 1991.

LACOUE-LABARTHE, Ph. *A Imitação dos Modernos*, Rio de Janeiro: Ed. Paz e Terra, 2000.

SCHELLING, Fr. Cartas filosóficas sobre Dogmatismo e Criticismo. 10 ed. Trad. Rubens Torres Filho. Coleção *Os pensadores*. São Paulo: Abril Cultural, 1980.

SZONDI, P. *Poésie et Poétique de l'Idéalisme Allemand*. Trad. e org. de Jean Bollack. Paris: Ed. Minuit, 1975.

TAMINIAUX, J. *Le théâtre des philosophes*. Grenoble: Jérôme Millon, 1995.

SOBRE O NASCIMENTO DA TRAGÉDIA

Olímpio Pimenta

Este artigo pretende apresentar sucintamente as principais teses desenvolvidas por Nietzsche em seu livro de estréia, por um lado, e por outro, estimar o valor e o interesse de sua interpretação do fenômeno do trágico para nós. A exposição terá, portanto, uma dupla incidência: trata-se de reconstruir o pensamento do filósofo em seus próprios termos para, a partir daí, apropriarmo-nos dele. Cabe acrescentar que este segundo movimento implicará o recurso a alguns conceitos que ainda não estão presentes na obra em foco, mas cuja elucidação facilitará o entendimento da problemática do trágico e de nossa retomada dela.

Para cumprir o prometido, o plano adotado é o seguinte: começaremos determinando muito brevemente as injunções de contexto que situam as tarefas do jovem Nietzsche, trabalharemos, ainda a esse respeito, as circunstâncias da recepção do livro nos anos de 1872 e 1873 para, em seguida, ocuparmo-nos com a explicitação de seus temas principais. Quanto a isso, vamos avançar conforme a ordem adotada pelo próprio filósofo, aproveitando o desenrolar de sua argumentação tal como ela aparece na obra. As chaves para a leitura serão recolhidas na imanência do texto, ressalvadas umas poucas contribuições tomadas de escritos posteriores, conforme mencionado. Por fim, cumprido esse percurso, deteremo-nos na consideração sobre o mérito das idéias revisitadas, estimando em que medida há sentido e proveito nelas para o leitor de hoje.

A título preliminar, compete indicar que as fontes de que nos servimos são três: a edição de *O nascimento da tragédia* traduzida e anotada por J. Ginsburg, da qual consta um opúsculo de mais ou menos quinze anos mais tarde, chamado pelo filósofo de *Tentativa de autocrítica*, o breve prefácio do próprio Nietzsche ao livro, que está em *Ecce Homo* – obra em que ele se dirige a seus contemporâneos com a incumbência de introduzir a si mesmo e a seus livros publicados –, e de um volume organizado e anotado por Roberto Machado, que contém os textos de ataque e defesa a *O nascimento da tragédia* que se seguiram a seu lançamento.[1]

Aliás, cabe começar por aí. Contando Nietzsche vinte e sete anos à época da primeira edição de seu livro, era grande a expectativa da comunidade acadêmica em torno de seu debute como autor, dada a contingência que cercou o início de sua carreira. O professor Nietzsche havia sido nomeado catedrático de Filologia Clássica na Universidade da Basiléia três anos antes, por indicação de seu mestre Ritschl, o que constituiu, para dizer o mínimo, uma distinção pouco usual. Por essas e por outras, as reações ao livro foram contraditórias. Se, nos círculos wagnerianos, a recepção foi calorosa, sua entrada no meio acadêmico profissional não foi nada bem-vinda. Entre as inúmeras deficiências teóricas levantadas, o miolo da acusação apontava para sua falta de rigor científico, que descambava para a pregação a favor do culto a Dionisio em detrimento da oferta de hipóteses fundamentadas. A defesa da obra pleiteava para ela uma interpretação menos restritiva. Muito mais que um trabalho ortodoxo de Filologia, alegou-se que ela pretendia levar a efeito um estudo com alvos múltiplos, criado a partir de um combinado de perspectivas histórico-filosóficas e científicas. Para elucidar o ponto, vale passar à análise do texto.

Duas preocupações orientam o livro. A primeira é o esclarecimento da gênese, do apogeu e da morte de um gênero "literário" particular, o trágico; a segunda é o estabelecimento do significado cultural desse gênero para a vida espiritual do povo grego e, por extensão, para toda a humanidade. Note-se de passagem que a originalidade de Nietzsche não está na formulação da questão, uma vez que essa espécie de retorno à Grécia clássica integra o debate sobre a identidade cultural alemã desde o romantismo, Winkelmann e Goethe, já há bem mais de meio século, mas na proposição de um projeto cultural a partir de elementos e categorias elaborados pelo filósofo – de resto bastante familiares a nós, conforme poderemos reconhecer adiante. Assim, dois problemas são contemplados, um de alcance, por assim dizer, técnico e outro de grande amplitude: como nasceu, viveu e morreu a tragédia, qual o seu sentido existencial para os gregos e para nós modernos.

A narrativa conceitual nietzschiana se inicia com a apresentação do par de *impulsos artísticos da natureza* (NIETZSCHE, 1992, p. 32) em torno dos quais teria se desenrolado a evolução histórica do espírito grego. Segundo Nietzsche, as figuras polares de Apolo e Dionisio orientam todos os

---

[1] Ver as referências bibliográficas ao final.

esforços feitos para dar sentido à presença dos homens no mundo, e apenas a composição engendrada a partir de suas características antagônicas permite entender o fenômeno do trágico.

O chamado problema da existência tem sua versão mais remota condensada na seguinte história.

> Reza a antiga lenda que o rei Midas perseguiu na floresta, durante longo tempo, sem conseguir capturá-lo, o sábio Sileno, o companheiro de Dionísio. Quando, por fim, ele veio a cair em suas mãos, perguntou-lhe o rei qual dentre as coisas era a melhor e a mais preferível para o homem. Obstinado e imóvel, o demônio calava-se; até que, forçado pelo rei, prorrompeu finalmente, por entre um riso amarelo, nestas palavras: – Estirpe miserável e efêmera, filhos do acaso e do tormento! Por que me obrigas a dizer-te o que seria para ti mais salutar não ouvir? O melhor de tudo é para ti inteiramente inatingível: não ter nascido, não ser, nada ser. Depois disso, porém, o melhor para ti é logo morrer. (NIETZSCHE, 1992, p. 36)

A pergunta que se impõe é: como o grego enfrentou e ultrapassou essa moral popular pessimista? A resposta: redimindo a existência através de sua transfiguração épica e mitológica, isto é, lançando sobre os horrores do mundo o véu maravilhoso da arte e da religião de extração apolínea. Esse primeiro *impulso artístico da natureza* traz consigo a potência do sonho e da ilusão e opera pela via da bela aparência, da individuação e da delimitação – "conhece-te a ti mesmo" e "nada em demasia" são as palavras-chave do oráculo do deus. Por meio do apolíneo, a Grécia de Nietzsche dá visibilidade e luminosidade aos eventos da existência, promovendo uma primeira forma de celebração da vida ao emprestar a seus deuses e heróis características humanas, exaltadas como o que há de mais desejável no mundo. O espetáculo visual homérico e o esplendor das divindades olímpicas são escudo e máscara que permite enfrentar a moral de Sileno. Daí que, *só como fenômeno estético podem a existência e o mundo justificar-se eternamente* (NIETZSCHE, 1992, p. 47).

Mas isso só dura até a chegada da caravana do culto bárbaro a Dionisio, que irrompe desde o oriente e põe novamente em risco qualquer apreciação favorável da existência. Esse segundo *impulso artístico da natureza* vem embalado pela música do coro das bacantes e fala de embriaguez, dissolução, retorno a um estado de indiferenciação original, em comunhão com a natureza. Primazia do ritmo e da sensualidade: orgia, embaralhamento de papéis, abismo e destruição. A pergunta agora é: como fazer frente a essas forças avassaladoras, resguardando condições para que se fale bem da vida de novo?

Aqui aparece, propriamente falando, a hipótese de Nietzsche sobre o nascimento da tragédia. O gênio grego forma uma aliança entre os dois impulsos, entre o apolíneo e o dionisíaco, e sobre a base musical do segundo se erguem o enredo e a encenação que contam a trajetória do herói trágico. O protagonista se destaca de um fundo primitivo onde tudo é indiferenciado e no qual todas as coisas encontram-se mergulhadas, vem à cena viver sua história e as peripécias que o levam ao reconhecimento de seu destino, cujo desfecho é sua aniquilação – e a audiência se maravilha e se comove com a peça, que diz respeito à nossa própria existência. A vida é tão atraente que merece ser afirmada e reproduzida no espetáculo trágico, não obstante a carga bruta de sofrimento que lhe é inerente. Gostar da vida, inclusive no que ela tem de mais terrível, é a lição afirmativa do criador de tragédias, ponto alto de uma cultura que diz sim ao mundo. Nesse movimento, o filósofo equaciona simultaneamente suas duas questões: a associação entre Apolo e Dionísio resulta na recuperação do amor por nossa própria vida, tornada digna de ser vivida e desejada, independentemente de seu final infeliz. Pois tudo é motivo de alegria e orgulho por nossa condição, sob os auspícios da tragédia.

Não obstante tão alta realização, a duração do compromisso entre as entidades tutelares do trágico foi muito breve. E a responsabilidade por sua derrocada é atribuída à filosofia socrática, que traz consigo a disposição de corrigir o que há de sombrio na existência pela via da teoria. Otimismo teórico é o mote que revela o estado de ânimo que domina tal filosofia: chegamos ao fundo das coisas com nossa inteligência e podemos acertar as contas com as ambigüidades, incertezas e contingências inerentes ao mundo. Conhecendo a verdade sobre o ser, somos capazes de agir de acordo com ela e, assim, viver virtuosamente, apaziguando a partir da consciência os conflitos dados na experiência. Ao provar a verdade, não precisamos mais errar por ignorância – como Édipo, por exemplo – e tornamo-nos aptos a solucionar em definitivo a questão sobre o sentido da vida. Em que pese o anacronismo: se o real é racional, estamos salvos.

Tal ideário, pensa Nietzsche, passou de Sócrates para Eurípedes, e este implementou o programa de racionalização de experiência em seu teatro, fazendo os personagens dialogarem e enfrentarem as dificuldades da vida mediante um processo de esclarecimento. Temos agora, ao invés do mistério, um prólogo, uma solução providencial *ex-machina* e coisas desse tipo. É o suicídio da tragédia, pela sobrevalorização do elemento apolíneo – medida, luminosidade, limite consciente – em detrimento do dionisíaco. A música cessa, o torneio dialético-racional toma seu lugar.

Saltando por cima de dois milênios – *profundo e hostil silêncio sobre o cristianismo em todo o livro* (NIETZSCHE, 2004, p. 62), diz o autor em outra ocasião – Nietzsche estabelece, a partir do capítulo 15, sua hipótese a favor de um renascimento da tragédia, *guiado pelo despertar gradual do espírito dionisíaco no curso solar da música alemã* (NIETZSCHE, 1992, p. 118), que avança de Bach a Beethoven e culmina na ópera wagneriana. Em rápidos traços, o argumento é o seguinte: se sabemos, desde Kant, que o conhecimento tem limites constitutivos, e que o acesso ao absoluto lhe é vedado – postando-nos contra Sócrates, portanto –, e se, além disso, sabemos, com Schopenhauer, da possibilidade de alcançar intuitivamente o âmbito da vontade, instância fundamental e originária do mundo, pode ser que estejamos experimentando uma volta ao trágico em obras como *Tristão e Isolda*, que renovariam o esquema da combinação entre o apolíneo e o dionisíaco, alcançando, por força de seu *pathos* musical, o uno primordial que sustenta o mundo.

É oportuno recapitular o itinerário cumprido. Temos, pela ordem, uma condenação pessimista da existência, a que se refere o dito de Sileno, sucedida pela celebração olímpica da existência, inspirada pelo influxo apolíneo. A essa se segue novamente a desconfiança sobre o valor da vida, motivada pela dissolução inerente ao frenesi dionisíaco. Na integração entre os dois impulsos há o despontar da tragédia Ática, cuja plenitude é logo suplantada em função do desequilíbrio provocado pelo otimismo teórico e pelo socratismo estético, que a levam ao declínio e à morte. As conjecturas de Nietzsche propõem ainda um renascimento da tragédia: o conhecimento do absoluto é impossível, Wagner sabe disso e retorna ao cerne da existência através de uma poderosa mitologia musical criada em obras como *Tristão e Isolda*.

A leitura retrospectiva que Nietzsche faz de seu livro expressa opiniões bastante severas, embora não resulte daí um repúdio integral à obra. Se a montagem do problema é desautorizada, pela interferência nela de elementos provenientes de Hegel e de Schopenhauer – o andamento evoca uma espécie de dialética ascencional, o próprio conflito entre os impulsos é resolvido através de negações e superações, e o uno primordial confunde-se, como essência do real, com a vontade de viver, mestra da resignação, que nada tem a ver com a vontade de potência tal como essa é tematizada alhures – as indagações que dão ensejo a ele têm sua validade confirmada. A colocação em causa da razão socrática seria já a ponta de um promissor fio de meada, percorrido em toda sua extensão pelos escritos posteriores. Mais importante: a aliança entre a racionalidade e uma moral produzida a partir do declínio dos instintos afirmadores da vida já teria sido vislumbrada, e a pergunta pelo que é o dionisíaco seria um ensaio em direção à superação desse arranjo. Desse modo, no centauro (Cf. MACHADO, 2005, p. 17) concebido sob o nome *O nascimento da tragédia*, a dependência mútua entre moral e ciência está prefigurada, ficando a cargo do genealogista maduro a exploração de suas conseqüências.

Conforme foi adiantado de início, cumpre a essa altura considerar por que a meditação nietzschiana sobre o trágico poderia importar para nós. Mesmo que essa metafísica de artistas que acabamos de visitar tenha sido ultrapassada pelo filósofo em seu trabalho subseqüente – *toda [ela] pode-se denominar arbitrária, ociosa, fantástica* (NIETZSCHE, 1992, p. 19) –, a posição a favor da afirmação dionisíaca da existência segue muito ativa em sua obra, deslocando-se para o terreno da crítica da cultura – e, mais diretamente, para o campo da moral. Nietzsche é, para todos os efeitos, um moralista preocupado com o sofrimento humano e com o sentido da vida. Interessa, então, assinalar as linhas de força que articulam seu encaminhamento para tais questões.

Acontece que, se por muito tempo a cultura ocidental foi incapaz de lidar com as lições da tragédia, dependendo da invenção de outros mundos para dar alento a quem se formou sob seus horizontes – lembremo-nos, por exemplo, do além-mundo metafísico dos filósofos e do além-mundo religioso da salvação –, o motor do processo, a chamada vontade-de-verdade conduziu à auto-supressão desses mesmos lugares. A honestidade intelectual, virtude originada na crença ingênua na pesquisa pura da verdade, termina por prestar um serviço paradoxal: seu desempenho submete à investigação, justamente, as condições iniciais a partir das quais ela tornara-se possível. A atribuição de um valor incondicional à verdade passa a ser vista com desconfiança, pois, afinal, tudo o que existe é visado perspectivamente, dependendo de apreciações seletivas para adquirir interesse. Por que o verdadeiro em si, caso houvesse tal coisa, seria superior ao verdadeiro para nós? Por que o eleito bem-aventurado seria superior ao que sofre e se alegra imerso na existência? Perguntas como essas podem, de direito, vir à baila novamente.

Pela ação radical da tomada de consciência do homem sobre sua situação no mundo, chega-se à constatação extrema da morte de Deus, fim do auto-engano em que a humanidade se enredou ao longo dos séculos. Não dispomos mais, portanto, de justificativas onto-teológicas últimas para nossa vida, e estamos de novo em condições de retomar o problema da existência desde uma perspectiva moral imanentista, intramundana, sem apelar para instâncias absolutas. O cultivo de uma disposição para o grande desafio da criação de sentido pode, outra vez, beneficiar-se da companhia do trágico.

Daí os slogans de Zaratustra, *fidelidade à terra* e *amor fati*: podemos tomar em nossas mãos a vida como ela é, reencontrando o caminho para sua afirmação a partir de nossa experiência cotidiana. Criar uma moral baseada na boa disposição para com o mundo – talvez isso seja a via mais franca possível para a afirmação dionisíaca da existência, sem desconto nem exceção de qualquer aspecto dela. Isso transfigura, por exemplo, o conhecimento da dor que, convertida em estimulante para a ação, pode ser sentida não mais como objeção à boa vida. A tarefa que se abre para nós é, afinal, a formação de um compromisso que nos leve a saudar com alegria o fato de estarmos por aqui, sem esperança nem medo, revertendo a direção do provérbio russo, segundo o qual *bom é onde não estamos*. Esse nos parece o convite latente nas entrelinhas do claro enigma *O nascimento da tragédia*.

REFERÊNCIAS

MACHADO, R. (Org.). *Nietzsche e a polêmica sobre "O nascimento da tragédia"*. Trad. Pedro Süssekind. Rio de Janeiro: Jorge Zahar, 2005.

NIETZSCHE, F. *Ecce Homo*. Trad. Paulo César de Souza. São Paulo: Schwarcz, 2004.

NIETZSCHE, F. *O nascimento da tragédia*. Trad. J. Guinsburg. São Paulo: Schwarcz, 1992.

TRAGÉDIA E ESCLARECIMENTO:

DO CREPÚSCULO DOS DEUSES AOS DEUSES DO CREPÚSCULO

Ricardo J. B. Bahia

TRAGÉDIA E O CREPÚSCULO DOS DEUSES

De tudo que nos deslumbrou na história dos gregos, sua serenidade olímpica, seus feitos militares, sua glória, mitos, artes plásticas, sua incrível religiosidade – distinta de todas as demais – a história, a poesia, tudo que compõe sua cultura arquetípica, hoje valorizamos principalmente o que ficou conhecido sob o epíteto *Filosofia*.

A Filosofia surgiu como resposta à perplexidade humana diante do mistério da totalidade do real, da *physis*, irrompendo naquele momento decisivo da passagem do século sétimo para o sexto a.C., momento em que a volúpia aristocrática dominava a vida política grega. A Filosofia buscou situar o homem na grandeza inconcebida, até então, do kósmos e da maravilha de sua incomensurabilidade. Momento originário, revestido, poderíamos dizer, de certa ingenuidade própria dos inícios, como Nietzsche[1] tão bem ilustra: "Tales quis falar da totalidade do real e falou da água".

Qual seria a marca fundamental da Filosofia, dessa nova postura do homem diante do real? Talvez a resposta a essa questão envolva a valorização do lógos, a convicção de que o intelecto deveria assumir uma posição de comando em relação à imaginação, ao sonhado, em relação à emoção (pathos). A Filosofia surge como uma dimensão racionalizante

---

[1] NIETZSCHE, Friedrich. *La Filosofía en la época trágica de los griegos*. Prólogo de 1879, § 3. Tomo 5, p. 205. Buenos Aires: Aguilar Argentina S.A.de Ediciones, 1967. "Para el filósofo el pensamiento dialéctico es lo que los versos para el poeta: tiene hacia él para retener su encanto, para petrificarle. Y así como para el poeta dramático la palabra y el verso no son más que el tartamudeo em uma lengua extraña, para decir em ella lo que él sueña y vê y lo que solo podría expresar directamente por los gestos y la música, la expresión de aquella profunda intuición filosófica por médio de la dialéctica y de la reflexión crítica es, si, el único médio de comunicar lo intuído; pero es um médio imperfecto; en el fondo metafórico, es una traducción completamente infiel a uma esfera y a um lenguaje diferentes. Así concibió Tales la unidad del ser, y quiso expresarla hablando del agua."

inédita. No momento surpreendente de seu nascimento, momento fugaz, os filósofos foram obrigados a se expressar em uma linguagem que mantinha íntimas conexões com toda cultura anterior. Como já se cansou de enfatizar, há um desdobramento do logos mítico ao noético, dialeticamente entrelaçados, numa harmonia que seria única na história humana. Assim sendo, o logos ainda se mostrava em uma linguagem enigmática e poética. Também rios de tinta se gastaram para lamentar o fato de não possuirmos de nenhum dos filósofos originários a obra completa, mas apenas fragmentos transmitidos, no mais das vezes, por aqueles que queriam colocá-los como meros precursores, como pensadores interessantes, mas ainda não alçados ao patamar filosófico. Por qual razão? Aristocratas – Heráclito até mesmo membro da casa reinante de sua cidade, no caso de Éfeso – mantinham viva a tradição cultural apesar de alavancarem um movimento de superação (*Aufhebung*) lógica. Alguém, não me recordo quem, afirmou que a lógica é a ética da razão. Nossos aristocratas não abandonaram seu ethos ao se tornarem filósofos. Muito antes pelo contrário, elevaram-no a uma altura impensável até então.

Apesar de buscarem a dessacralização do real, apesar de buscarem a compreensão objetiva da physis, sua materialidade, diríamos hoje, sua objetividade, em momento algum perderam a dimensão do solo mítico de onde brotaram. Como nos mostram Adorno e Horkheimer

> as cosmologias pré-socráticas fixam o instante da transição. O úmido, o indiviso, o ar, o fogo, aí citados como a matéria primordial da natureza; são apenas sedimentos racionalizados da intuição mítica.
> (ADORNO; HORKHEIMER, 1985, p. 21)

E então podemos compreender que não houve uma ruptura onde o logos surge em detrimento do mythos, mas, sim, aconteceu o já comentado desdobramento da percepção humana, desdobramento que inaugurava o que seria denominado daí em diante *cultura ocidental*. Esta é a questão: os chamados cosmólogos não queriam criar sistemas precisos e de articulação lógica impecável, também não ansiavam por discípulos ou fiéis, necessitavam muito mais colocar questões que propor respostas. Usar o intelecto sem julgar que para tanto fosse necessário menosprezar o corpo, ou demonizar a emoção. Foi um momento raro na história da cultura humana, único, ou dos poucos, onde não se pode apontar na existência humana uma dicotomia ou apenas um dualismo. E mais ainda, não se propunham colocar o homem como centro de coisa alguma, o homem fazia parte de um fluxo cósmico, onde tudo fluía e nada permanecia.

Materialistas? Como fica anacrônica a rotulação! A não-aceitação da criação ex-nihilo, a profunda discordância com a postura semita que explicava o mundo concreto a partir de um deus sofisticado, mas, como concordaria Tertuliano mais tarde, absurdo. A Filosofia cosmológica marca o feito humano de encarar a transitoriedade da vida, a dor que advém da finitude dos indivíduos e tentar encontrar o sentido no todo que fluía eternamente.

Essa integração com a natureza, essa visão estonteante que não há nada além da natureza, essa concepção de que "este mundo (kósmos), o mesmo de todos os (seres), nenhum deus, nenhum homem o fez, mas era, é e será um fogo sempre vivo, acendendo-se e apagando-se em medidas" (HERÁCLITO, 1996, p. 90). Conforme a medida. Nesse momento, aspira-se pela medida, não pelo dogma ou repressão. Haverá mais tarde um confronto entre a filosofia nascente e o que Nietzsche chamará de "a cultura dos sofistas". Há, a esse respeito, uma passagem, a respeito de Tucidides, que nos desvenda pistas da ambiência cultural desses inovadores maravilhosos e de sua capacidade de pensar. Vejamos:

> [...] revirá-lo linha por linha e ler seus pensamentos ocultos tanto quanto suas palavras: há poucos pensadores tão pródigos em pensamentos ocultos. Nele acha expressão consumada a *cultura dos sofistas*, quero dizer, *a cultura dos realistas*: esse inestimável movimento em meio ao embuste moral e ideal das escolas socráticas, que então irrompia em toda parte. A filosofia grega como a *decadénce* do instinto grego; Tucidides como a grande suma, a revelação última da forte, austera, dura factualidade que havia no instinto dos velhos helenos. (NIETZSCHE, 2006, p. 103)

Quem seriam os novos helenos? Os pós-cósmologos que a tradição cristã nos apresentaria como pré-socráticos. Quem inverteu a cultura? Quem desvalorizou os valores? Quem lutou contra a poesia, contra o trágico, contra a arte e contra o kósmos? Quem abandonou no lamaçal dos interesses menores, dos metecos, a postura aristocrática dos velhos helenos? Quem desejava para o esclarecimento a fria dedução lógica? A construção do sistema? Ora, não foi Sócrates quem achou necessário morrer, como morreria um mártir cristão pela sua crença, para mostrar que a lei, o nomos, vale mais que tudo, inclusive a própria vida? Não foi Platão quem propôs, de forma brilhante, com certeza, uma nova Politéia, uma comunidade perfeita, onde as falhas humanas deveriam ser superadas quer pela eutanásia, quer pela educação, quer pelo controle rigoroso inclusive dos acasalamentos humanos? Não foi Platão que expulsou os poetas de sua Politéia? Será que foi a dupla antropocêntrica quem matou a tragédia? Uma dupla poderosa que abriria uma nova vertente para a cultura ocidental que, séculos depois, acolhida pelo cristianismo tornar-se-ia a nascente do caudaloso rio dos males que assolaram e assolam a humanidade. Sócrates e Platão. Esses hipnotizadores fascinantes que nos encantam e nos desgostam. Não podemos nos esquecer de Sócrates acusado por Meleto, denunciado por ateísmo. Mesmo jurando constantemente pelo Cão, Sócrates mantinha uma sensata distância da mitologia homérica. Seu aluno Platão, pensador político e não religioso, usava metáforas, mitos e fábulas que não nos permitem lê-lo ao pé da letra como gostam os kardecistas. Platão e seu aluno Aristóteles não podem ser vistos apenas como os medievos cristãos ocidentais insistiam, ou seja, como cristãos.

Voltando ao texto citado, de 1888, longínquo, portanto, daquele primeiro *O nascimento da tragédia ou Helenismo e pessimismo* onde o que abrigava o éthos grego era a *Heiterkeit*, a decantada jovialidade, a alegria e a hilaridade. Em 1888, a jovialidade nietzscheana já havia se esgotado e ele então se voltava contra quem chama de covardes como Platão, no texto citado visto como um mísero fracasso diante da dureza do real. Nietzsche sempre teve para com Sócrates e Platão uma postura ambígua de admiração e critica. E de mais a mais, Nietzsche nunca se primou pela coerência de um articulador de sistemas, que, felizmente, nunca foi ou quis ser.

Jogos de tristeza e de dor marcaram o intervalo de 1844 a 1888, ascensão e queda de Nietzsche, como o intervalo dos séculos sétimo a quinto a.C. foi marcado pelo crepúsculo dos deuses e da complexa união de Apolo com Dionisios no espírito grego. Como nos mostra Lesky:

> Conhecemos um vaso do Museu Ermitage em que, no sagrado recinto de Delfos, Apolo estende a destra a Dioniso. Tomamos esta imagem como testemunho precioso da significativa aliança que os sacerdotes de Delfos fizeram com a nova religião, podemos também entendê-la como um símbolo dos poderes de cuja aliança surtiu o milagre da tragédia grega. (LESKY, 1971, p. 67)

A tragédia desceu pelos montes ao som da flauta de Pã, pelos caminhos dos bodes, seguindo o cortejo de Dionisos, o intruso asiático que despertava as mais violentas sensações em seus possuídos. Sim, Dionísio era uma possessão. As pessoas se tornavam possuídas por ele e se transmudavam no que tinham de mais erótico, de mais ligado à vida. A sensualidade, a festa da carne, a prodigalidade dos sentidos, a irrupção de desejo tentava ocultar o medo primevo sentido por aqueles que se sabiam mortais, finitos. Por aqueles que queriam sentir a imortalidade, embora por alguns momentos, onde se saber tornava-se insuportável e o sentir-se, uma necessidade inexorável. Os receios diluíam-se no cortejo dos embriagados impudentes que dançavam ao som da flauta mágica de Pã. Alheios a qualquer instante que não fosse o vivido. Não mais futuro, não mais passado. O tempo mágico do mito desenrolando-se na dança desenfreada e sem nenhuma coreografia fixa. Nada com normas, ausência de limites num instante divino em que o humano tornava-se união com a totalidade, com a mãe, com Gaia.

As trilhas se abriam pelos morros iluminados pelos archotes, animados pelos membros da procissão e seus membros priapicamente despertos ao som da flauta e da certeza do gozo proporcionado pelo deus que brincava com as formas e com as normas, ora touro, ora homem.

Mas o cortejo adentrou o templo de Delfos, a sinuosa procissão orgiástica admirando-se, tomou distância de si mesma e percebeu que uma unidade maior se sobrepunha em um contexto partido que dificultava a visão da totalidade. O cortejo ao ser admirado tornou-se tragédia. E a tragédia deparou-se com o enigma do "conheça ti a ti mesmo".

Burckhardt (1961) nos alerta para o fato do "drama ático... jorrar mananciais de luz sobre todos os aspectos da vida ateniense e grega em geral". É como se ao tempo da tragédia, a capacidade filosófica de abarcar a totalidade do real, a physis, tornasse-se paradigma de uma percepção menor, mas não menos importante, fundar-se a comunidade humana baseada em normas, no lógico. A polis adensava-se com base no modelo do kósmos. Assim, temos certeza, só se pode entender a tragédia tomando-se por base sua relação com a formação da nova modalidade política introduzida por Clístenes, ao assumir o governo de Atenas estabelecendo um fenômeno histórico único, apesar da polissemia do termo, de seu desgaste contemporâneo, regime esse sob o qual Ésquilo floresceu.

O trágico significa a assunção da factualidade referida por Nietzsche quando a atribui a Tucidides a idealidade, não a platônica, mas aquela que constitui a essência do mito que, em se tratando do grego, não podemos nunca separar da instância histórica. A dificuldade que temos, individualistas extremados, reside na compreensão de uma cultura na qual o individuo só possui sentido como membro do coletivo.

Lesky (1971, p. 80) não titubeia em afirmar que "sabemos que a tragédia chegou à completude quando coincidiram o gênio de Ésquilo e a grande época de Atenas". Seguindo o mesmo raciocínio, Werner Jaeger (s/d, p. 272) acrescenta: "A tragédia Ática vive um século inteiro de hegemonia indiscutível, que coincide cronológica e espiritualmente com o crescimento, apogeu e decadência do poder civil do Estado ático". E mais ainda, Jaeger afirma que "a tragédia traz de novo à poesia grega a capacidade de abarcar a unidade de todo o humano" e, aprofundando a questão, mostra-nos que:

> esta nova intuição da totalidade da existência só podia ser revelada por uma poesia de alto nível e mediante um simbolismo espiritual e religioso. A recente aspiração a uma norma e ordenação da vida nova, após a insegurança que se seguiu à queda da antiga ordem e da fé dos maiores, e no aparecimento de novas forças espirituais desconhecidas, em nenhuma parte foi tão vasta e tão profunda como na pátria de Sólon. (JAEGER, s/d, p. 270)

O mito, descrevendo e prescrevendo, delimita o espaço onde as dimensões aparentemente tão díspares da vida, o imaginário e o vivido, confluem tão intensamente, inviabilizando a delimitação de onde um começa e o outro termina. Inquestionavelmente, o mito é o solo epistêmico de onde surge a tragédia. Diante da finitude, do efêmero da existência humana, e de todo o pavor advindo do saber-se mortal, o espaço olímpico dos heróis e dos deuses torna-se extremamente fascinante. Mas a razão mostra tratar-se de quimera, de um sonho apenas; entretanto, o desejo manifesto continuamente na dimensão do trágico, amalgamando dor e ilusão, característicos da existência humana, tece e destece jogos de compreensão da realidade, descrevendo e prescrevendo atos humanos que se misturam com significados divinos do amalgama trágico da celebração ática.

Uma sociedade como a atual, desfigurada pela superficialidade, dividida em conflitos de toda a ordem, em que a unidade é impossível diante da incapacidade de edificação de espaços de interesse comum, uma sociedade na qual tudo se transforma em farsa e mercadoria, em que os seres humanos se reduzem a um ativismo absurdo sem sentido ou destinação, desprovida da magia do divino e da ousadia do humano, uma sociedade assim, como a nossa, não pode sequer tentar entender a motivação do instinto trágico.

A tragédia pressupõe transcendência, superação de conflito sabendo-o insuperável. A mediocridade deformadora do tristemente politicamente correto de nosso tempo, em que a cupidez capitalista empobrece a razão, tornando-a pragmática fonte de amesquinhamento do humano e de degradação da natureza não consegue conviver com o espaço de aventura intelectual e estética que foi a tragédia grega e seu solo gerador, o mito. Seria como encenar uma peça trágica num sambódromo, ao som das baterias dos morros cariocas e das "reflexões" dos analistas carnavalescos globais mais burlescos que a boçalidade desnuda que se expõe impudente aos olhos dos turistas sexuais que abundam nessa época e nesse lugar de onde os deuses fugiram e os homens não chegaram. Ora, na tragédia, "a própria natureza arranca o homem à instabilidade da sua existência, arrasta-o para o interior do mais profundo reino de sua maravilha, a vida, levando-o a conquistá-la e senti-la de forma nova".

Longe de alienar, o trágico possibilita o aflorar da dimensão mais sensível do homem, ou seja, a capacidade de transformar a angústia do efêmero no sonho de uma comunhão atemporal com seus semelhantes e com a natureza. Para tanto, um elevado tipo de homem se faz necessário. Jaeger, nas páginas iniciais de sua já citada monumental Paidéia, intituladas *Lugar dos Gregos na História da Educação Humana* (JAEGER, s/d, p. 3-18) mostra o ideal formativo como motor e possibilidade de perspectivas maiores e conclui que em nosso tempo "a vida humana se encolheu na rigidez da sua carapaça em que o complicado mecanismo da cultura se tornou hostil às virtudes heróicas do homem". Rios de tinta trataram de mostrar da impossibilidade do trágico surgir no enquadramento cultural do cristianismo que trai, como, entre outros, Nietzsche exaustivamente mostra, toda e qualquer dimensão de vida autêntica e criadora.

O trágico exige um elevado nível de esclarecimento, de deslumbramento, de desejo de grandeza, de superação a partir da insignificância humana, que, no entanto, se avoluma quando metamoforseamo-nos em deuses que cantam e dançam e desafiam limites. A vida é um jogo, não devemos tomá-la moralmente. O cristianismo, impondo uma moral absoluta, glorifica a morte. Torna a vida um período insignificante de preparação para um além de castigos cruéis para os que viveram plenamente e de recompensa para aqueles que voltaram as costas ao corpo e ao mundo. O cristianismo entranhou-se no modo de produção capitalista de tal forma que o único desejo que permite é o consumo do desnecessário que para ser alcançado exige a negação de tudo que poderíamos esboçar de fundamental.

Ora, com Jaeger (s/d, p. 272), afirmamos a necessária conjugação de forças culturais, religiosas e políticas, para o surgimento de um gênero que espelhe seu tempo: "A tragédia ática vive em um século inteiro de hegemonia indiscutível, que coincide cronológica e espiritualmente com o crescimento, apogeu e decadência do poder civil do Estado ático". E em termos de conjugação de forças culturais, ainda com Jaeger (s/d, p. 274), mostramos que não era menor a influência dos dramas míticos, uma vez que a força desta poesia não deriva da sua referência à realidade quotidiana. Sacudia a tranqüila e confortável comodidade da existência vulgar, por meio de uma fantasia poética duma audácia e duma elevação desconhecidas, e que atingia o seu auge e o seu dinamismo supremo no êxtase ditirâmbico dos coros, apoiados no ritmo da dança e da música. O consciente afastado da linguagem cotidiana elevava o espectador acima de si mesmo, criava um mundo duma verdade mais alta.

Ora, uma questão fundamental levantada pela essência do trágico reside na relação entre convenção e natureza, entre *nomos* e *physis*. Na perspectiva grega, a relação natureza e convenção esbarra em outra questão fundamental que é a da determinação dos deuses e a desesperada postura humana de transgredir os limites impostos. A polis, que, inicialmente, deveria reproduzir uma ordem maior, a harmonia da *physis*, passa a manifestar a perplexidade do povo ateniense em relação às mudanças do *ethos* vigente.

Segundo Bignotto,

> as tragédias foram o meio privilegiado de que se serviram os atenienses para dar plena expressão às dúvidas e conflitos que os atemorizavam e estimulavam na busca de uma nova compreensão dos limites da extraordinária política que viviam. (BIGNOTTO, 1998, p. 55)

Bignotto nos chama a atenção para o fato de que as tragédias interrogavam os limites do público e do privado, análise iniciada por Hegel e freqüentemente acusada de ser redutora. Redutora ou não, penso que devemos atentar para a distinta significação da família na Grécia clássica e em nosso tempo:

> o que observamos, e que certamente não passou despercebido para o espectador da época, é que o conflito entre *genos e polis*, que se iniciara com Sólon, que percebeu a importância de redimensionar o lugar do *genos* na cidade, para remodelar a vida institucional, e que comparece com força no teatro de Ésquilo, ainda tem um peso importante na cidade democrática. (BIGNOTTO, 1998, p. 56)

Mas a questão que levanto daí é a da busca por parte do membro da *polis* de sua destinação trágica em ultrapassar limites, quer sejam ditados pela convenção, quer pela natureza. O trágico consiste na inexistência dessa ou daquela fonte inquestionável de ordem e sentido que profetas religiosos e políticos tão sofregamente buscam. O trágico para o espectador do conflito é a constatação da fragmentação de uma lógica aristotelicamente excludente em que uma coisa é e não pode deixar de ser ao mesmo tempo. Os debates sobre Antígona ainda hoje são candentes. O trágico é a ambigüidade tornada arte ou sensibilidade e, pobre de nós, inalcançável num tempo onde a arte e a sensibilidade se tornaram mercadorias. Como obter mais poder, como obter lucro, como levar vantagem? É a nossa questão.

Além da distinção referida acima, devemos ficar alertas para o significado de *demos* na Atenas clássica. O conceito é mais racial que cultural. *Demos* significa mais o que denominamos clã. O acesso aos cargos e obrigações públicas facultava-se aos aristoi, aos melhores. E melhores eram os que possuíam gênero, idade e qualidade racial. De fato, mesmo após Clístenes, o poder em sua instância maior continuou sendo privilégio aristocrático. O ódio platônico ao movimento sofístico deve-se mais à relativização dos privilégios, à tendência à ampliação da cidadania aos metecos que propriamente à condenação à morte de Sócrates, acusado de corromper a juventude e de ateísmo. Não-atenienses, os sofistas difundem a teoria de que "o homem é a medida de todas as coisas", não mais a Polis, não mais a comunidade. Os sofistas dessacralizam duramente a realidade política grega que, apesar de toda ênfase racionalista, mesmo ao tempo de Platão, ainda se baseava na tradição heróica, malgrado os próprios esforços platônicos. E a perspectiva racial se desmorona a partir do mando macedônio que, buscando Império, perde a dimensão fundamental da Polis.

Depois do cientificismo aristotélico, o que resta são as patéticas éticas do helenismo com seus códigos de conduta cada vez mais antitéticos ao verdadeiro espírito grego.

O CONCEITO DE ESCLARECIMENTO E OS DEUSES DO CREPÚSCULO

A *Dialética do Esclarecimento* (ADORNO; HORKHEIMER, 1985) começa com a afirmação de seus autores de que

> no sentido mais amplo do progresso do pensamento, o esclarecimento tem perseguido o objetivo de livrar os homens do medo e de investi-los na posição de senhores. Mas a terra totalmente esclarecida resplandece sob o signo de uma calamidade triunfal. O programa do esclarecimento era o desencantamento do mundo. Sua meta era dissolver os mitos e substituir a imaginação pelo saber. (ADORNO; HORKHEIMER, 1985, p. 19)

A intenção principal de nossa palestra consiste em demonstrar a contribuição do trágico no propósito de esconjurar o medo da finitude, transformado em angústia com o desencantamento do mundo que, em suma, foi visto como possível com o abandono da dimensão mítica no espírito humano, o que por si só já é uma impossibilidade, visto que a dimensão mítica da consciência humana não caracteriza um momento na história do homem, mas é parte integrante dessa história. A construção do saber que com Sócrates e Platão assumiu aspectos de exasperação do racionalismo antropocêntrico caracteriza o homem como uma dualidade, com todas as conseqüências ideológicas claramente percebidas no Fedro com o mito do carro alado. A alma é descrita como uma biga puxada por dois cavalos dirigida por um condutor, que representa a razão, os cavalos representam as partes alógicas da alma, são de raças diferentes, um a concupiscência e o outro, a irascibilidade. Sempre um é bom e o outro, mau, o que torna difícil guiá-los. A razão domando a paixão (*pathos*), a emoção. A partir de tal concepção, a physis perderia a unidade e se transformaria nos famosos mundos de Platão, o das Idéias ou Essências e o da Aparência ou da transitoriedade, mundos que cairiam como uma luva para o cristianismo, como podemos constatar com o platônico Agostinho com suas Cidades, uma a dos Homens e a outra, a de Deus. Acrescente-se à receita, a noção judaico-cristã de pecado e leva-se ao forno uma nova modalidade da antiga dicotomia razão/emoção, transformada em corpo/alma e os mundos transformam-se em material, fonte de pecado e tentações versus a eternidade da perdição ou da salvação conforme se viveu no mundo inicial, lugar de maldade e provações onde o bom, ou seja, aquele que nega o corpo e seus desejos se salva, e o concupiscente, ou seja, aquele que vive atendendo a natureza, perde-se na eterna danação.

Assim sendo, o desencantamento do mundo grego transformou-se na mistificação de mundo cristã. Adorno nos ensina que na concepção cientificista "o entendimento que vence a superstição deve imperar sobre a natureza desencantada" (ADORNO, 1985, p. 20). E completa afirmando que "a técnica é a essência desse saber, que não visa conceitos e imagens, nem o prazer do discernimento, mas o método, a utilização do trabalho dos outros, o capital."

Mas de fato o que fizeram os cientificistas, os racionalistas de Platão a Hegel? Umas culturas metafísicas, pragmáticas e alienadas em que a natureza tornada objeto de erro, de idolatria e totalmente secundária diante do conceito que passa a dimensioná-la numa inversão alucinada. A técnica perde sua dimensão estética e se transforma em produtora de mercadorias, ou como Adorno esclarece:

O que os homens querem aprender da natureza é como empregá-la para dominar completamente a ela e aos homens. Nada mais importa. Sem a menor consideração consigo mesmo, o esclarecimento eliminou com seu cautério o último resto de sua própria autoconsciência. Só o pensamento que se faz violência a si mesmo é suficientemente duro para destruir os mitos. (ADORNO, 1985, p. 20)

A dessacralização desnuda a natureza e o homem de toda e qualquer dimensão de mistério e admiração; como diz Adorno, "não deve haver nenhum mistério, mas tampouco o desejo de sua revelação" (ADORNO, 1985, p. 20).

A segunda dessacralização acontecida na cultura ocidental ganha novos contornos e nova finalidade, agora não mais se colocam questões e perplexidades, pois "no trajeto para a ciência moderna, os homens renunciaram ao sentido e substituíram o conceito pela fórmula, a causa pela regra e pela probabilidade" (ADORNO, 1985, p. 21). Junto com o sagrado, perdeu-se a dimensão do mágico, e, com a perda da magia, caímos em uma sisudez, em um automatismo onde parecemos mais frutos de uma programação, à la Grande Irmão, e rodamos pelas engrenagens como Chaplin caricaturalizou em Tempos Modernos.

Um dos aspectos culturais de nosso tempo consiste justamente na fragmentação da cultura em culturas que, em um mesmo tempo e pertencendo a um mesmo povo, nada possuem em comum. Assim, Chaplin e Orwell dificilmente são do repertório cultural das massas. Chaplin talvez como palhaço e por ter enorme participação na popularização do cinema no início do século XX, embora mais conhecido não equivalha a ser mais entendido, ou seja, somente a superficialidade das chanchadas penetra o imaginário popular; suas críticas sociais apenas o fizeram ser expulso da América devido a um movimento de caça às bruxas onde tantos foram perseguidos e nem por isso a população se indignou, apesar da imensa popularidade dos perseguidos. Ou seja, em nome de um possível esclarecimento perdeu-se a dimensão profundamente humana do mistério do real. Novamente Adorno com contundência nos faz entender que:

> o mito converte-se em esclarecimento, e a natureza em mera objetividade. O preço que os homens pagam pelo aumento de seu poder é a alienação daquilo sobre o que exercem o poder. O esclarecimento comporta-se com as coisas como o ditador se comporta com os homens. Este conhece-os na medida em que pode manipulá-los. (ADORNO, 1985, p. 24)

O conhecimento avalia-se pelo seu caráter pragmático, por gerar avanços tecnológicos que nos discursos oficiais deveriam beneficiar todo o gênero humano, mas o que sabemos com certeza é da violência pela tecnologia gerada nas duas grandes guerras mundiais e nas suas continuações ao longo dos séculos XX e XXI e da terrível devastação da natureza que continua apesar de todos os alarmes existentes. Adorno diz que "a duplicação da natureza como aparência e essência, ação e força, que torna possível tanto o mito quanto a ciência, provém do medo do homem, cuja expressão se converte em explicação" (ADORNO, 1985, p. 29).

Uma explicação que, na realidade, confunde mais que esclarece. De uma forma tão bela, Adorno afirma que "o esclarecimento é a radicalização da angústia mítica" (ADORNO, 1985, p. 29). Assim, esclarecimento se torna uma impossibilidade, pois os prozacs da vida impedem que a angústia se radicalize.

Schelling, citado por Adorno, diz que "a arte entra em ação quando o saber desampara os homens" (ADORNO, 1986, p. 32). Alguns autores falam de funções para a tragédia, catártica, política e religiosa. Qual seria a função da arte em nosso tempo que não o mercadejar? Temos pelo menos concordância do que seja arte em nosso tempo? Muito dificilmente. Quanto à religiosidade predominante, o espanto que nos toma é bem maior. Interessante, não sei se cabe aqui o termo, o fenômeno que acontece aqui em Belo Horizonte, onde as salas de projeção, os tradicionais teatros e cines se transformam todos, numa seqüência cruel, em templos majestosos onde o charlatanismo, onde o saque à bolsa popular – que chega aos extremos de se aceitarem tíquetes de ônibus daqueles que não possuem nenhum dinheiro em espécie – só é menor em relação à histeria coletiva *cientificamente* provocada nos crédulos fiéis. O espetáculo dantesco de sessões de descarrego, não sei bem o que significa o termo, mas creio que se trate de formas atuais de exorcismo dos maus espíritos, ganham os vídeos em canais de televisão, redes inteiras pertencentes às chamadas igrejas. Dói tanto como a proliferação das favelas em todas as cidades brasileiras, metrópoles ou não. Favelas que abrigam multidões dos chamados fiéis, mas não nos enganemos, os fiéis não estão apenas nas favelas, residem também nos prédios de luxo e nos condomínios das elites e não são privilegio apenas de protestantes e espíritas, a antiga religião oficial do Estado, o catolicismo, possui vertentes afins onde padres-artistas entram em transe nos programas de rádio e televisão e em estádios esportivos. Adorno novamente nos ajuda e amplia nosso raciocínio afirmando que:

o paradoxo da fé acaba por degenerar, no mito do século vinte, enquanto sua irracionalidade degenera na cerimônia organizada racionalmente sob o controle dos integralmente esclarecidos e que, no entanto, dirigem a sociedade em direção à barbárie. (ADORNO, 1983, p. 33)

A Filosofia nunca foi neutra, imune ao determinante econômico; Vico, citado por Adorno, já alertava que "os conceitos filosóficos nos quais Platão e Aristóteles expõem o mundo, exigiram, com sua pretensão de validade universal, as relações por eles fundamentadas como a verdadeira e efetiva realidade. Esses conceitos provêm da praça do mercado de Atenas" (ADORNO, 1985, p. 35). Obviamente, possuía forte caráter classista, mas num momento da História em que a elite não havia ainda se perdido na negação da comunidade, pois se via parte integrante dela. Na América Latina, de forma geral, e no Brasil, em particular, as elites historicamente falam da *gentinha, da gentalha, desse povinho* como se pertencessem a outro planeta e realmente vivem em outro planeta. Os chamados mitos de nosso tempo não possuem de forma alguma a densidade existencial dos mitos primevos. E quando Adorno (1986, p. 39) fala que "quanto mais a maquinaria do pensamento subjuga o que existe, tanto mais cegamente ela se contenta com essa reprodução". Desse modo, o esclarecimento regride à mitologia da qual jamais soube escapar, ele denuncia, ao mesmo tempo, o fracasso monumental dos pressupostos da ciência como forma única de esclarecimento e, de certa forma, a força do mito, embora resgatado em nosso tempo na inautenticidade geral que a tudo deforma.

Assim sendo, a maquinaria do pensamento, ou seja, a postura positivista clássica, ao conceber as etapas históricas como estanques, perde uma dimensão preciosa do mito, ou seja, a concepção de totalidade, tanto explicativa do mundo quanto prescritiva de uma maneira de viver que dê sentido ao existente, tornando-o um com a natureza que, no positivismo, é vista como algo a ser superada, domada, vencida; enfim, dessacralizada, tornada matéria a ser explorada e mercantilizada. Adorno diz que "O animismo havia dotado a coisa de uma alma, o industrialismo coisifica as almas" (ADORNO, 1986, p. 40). Não há como falar em esclarecimento como meta do processo cultural de nosso tempo, e o bom senso não é, de maneira alguma, característica da maioria.

Com as contundentes palavras de Adorno, terminamos nossa palestra:

> O pânico meridiano com que os homens de repente se deram conta da natureza como totalidade encontrou sua correspondência no pânico que hoje está pronto a irromper a qualquer instante: os homens aguardam que este mundo sem saída seja incendiado por uma

totalidade que eles próprios constituem e sobre a qual nada podem. (ADORNO, 1986, p. 41)

REFERÊNCIAS

ADORNO, Theodor W.; HORKHEIMER, Max. *Dialética do esclarecimento:* fragmentos filosóficos. Tradução de Guido Antonio de Almeida. Rio de Janeiro: Jorge Zahar Editor, 1985.

BIGNOTTO, Newton. *O tirano e a cidade.* São Paulo: Discurso Editorial, 1998.

BURCKHARDT, Jacob. *Reflexões sobre a História.* Tradução de Leo Gilson Ribeiro. Rio de Janeiro: Zahar Editores, 1961.

HERÁCLITO. Fragmento 30 (DK). In: *Os Pré-Socráticos.* Traduzido por José Cavalcante de Souza. São Paulo: Editora Nova Cultural, 1996 (Coleção Os Pensadores).

JAEGER, Werner. *Paideia* – A Formação do Homem Grego. Tradução de Artur M. Parreira. São Paulo/Lisboa: Editora Herder/Editorial Áster LDA., s/d.

LESKY, Albin. *A tragédia grega.* São Paulo: Editora Perspectiva, 1971.

NIETZSCHE, Friedrich Wilhelm. *Crepúsculo dos ídolos ou Como se filosofa com o martelo.* Tradução e notas e posfácio de Paulo César de Souza. São Paulo: Companhia das Letras, 2006.

NIETZSCHE, Friedrich Wilhelm. *La Filosofia em la época trágica de los griegos.* Prólogo de 1879, § 3. Tomo 5. Buenos Aires: Aguilar Argentina S.A. de Ediciones, 1967.

O EXCEDENTE TRÁGICO:

FILOSOFIA, ARTE, PSICANÁLISE

Guilherme Massara Rocha

> *O bem não poderá reinar sobre tudo sem que apareça um excesso, de cujas conseqüências fatais nos adverte a tragédia.*
> *(Lacan, O Seminário VII - a ética da psicanálise).*

I

Nicole Loraux, em *A tragédia grega e o humano*, esboça uma rigorosa arqueologia do trágico com vistas à circunscrição daquilo que, se não pudesse ser adequadamente designado como suas propriedades essenciais, pelo menos daria conta de alguns de seus resultados: *efeito trágico* é a expressão cunhada pela autora por meio da qual se articulam dois elementos aparentemente incongruentes, e em torno dos quais o argumento esboçado aqui será estabelecido. O primeiro desses elementos refere-se à noção de que o trágico é uma invenção da democracia grega, pois surgido como gênero artístico numa Atenas que dele se serve para fins de "referência cívica por excelência" (LORAUX, 1992, p. 17). Aqui se esboça o caráter "pedagógico" do gênero trágico, que Loraux encontra nos escritores atenienses do século V a.C, e sobre o qual concordam, aponta ela, diferentes intérpretes da tragédia, como Meier e Vegetti. Loraux parte da conhecida premissa de que nem a literatura, nem a filosofia clássicas teriam deixado de observar a existência de uma solidariedade entre efeito trágico e efeito moral e que, nesse sentido, o trágico pode ser pensado na perspectiva de um discurso estruturante no âmbito da *Paideia*.

Ao mesmo tempo, assinala Loraux, "o trágico tem sempre, e em proporções variáveis, cumplicidade com o que chamarei [...] de antipolítico" (LORAUX, 1992, p. 20). Nessa perspectiva, o trágico contém em sua narrativa "aquilo que a cidade recusa" – aquilo que, mais precisamente, do indivíduo, a cidade recusa – e, em seu limite, também uma recusa da própria cidade "e de sua ideologia" (LORAUX, 1992, p. 20), esta última, inversa, levada a cabo pelo protagonista da tragédia. O elemento trágico fazendo, portanto, insígnia de uma dessimetria entre o que move a Polis e o que move o indivíduo; marco narrativo pode-se dizer, de um mal-estar. Loraux mostra não serem menos importantes esses efeitos de desligamento que o trágico indica na fronteiras em que se estabelecem os laços sociais, surgindo daí sua decisão em interpretar tais efeitos sob a rubrica da expressão *antipolíticos*.

O que se designa então por *efeito trágico* é algo que deveria ser, portanto, necessariamente concebido nessa paradoxal intersecção entre o pacto coletivo afirmado pela prevalência do espírito democrático – resultante, pelo menos em parte, de uma certa civilidade trágica – e o resultado antipolítico decorrente do caráter de exceção que a reivindicação do herói trágico significa em relação às leis diante das quais ele se posiciona, sejam essas leis divinas, sejam essas leis da cidade, sejam, na tragédia moderna, as leis da consciência moral. A tese que se pode deduzir do argumento da autora é a de que o efeito trágico seria solidário dos efeitos – complexos – de uma tensão e, no limite, *de uma divisão*. Se Loraux tem razão, a tragédia é um discurso cujas propriedades incidem, a um só tempo, na estrutura das subjetividades tomadas uma a uma e também naquela do laço social. E que, em seu nascimento, pôde-se aferir o antagonismo das forças que o discurso trágico mobiliza, e localizar seu efeito pleno nos *modos de articulação* que ele surpreendentemente empreende entre essas forças em conflito. E aqui se entrevê aquilo que constituiria, parafraseando Lévi-Strauss, "o supremo mistério das ciências humanas": a existência, no interior do dispositivo trágico, ou a partir dele, de um modo de preservação do laço social sem o recurso à aniquilação da realidade não menos trágica das singularidades que o constituem. Sendo esse ainda, o aspecto mais problemático – e mais desafiador – de uma apreciação da função trágica. Captar algo desses modos de articulação entre a subjetividade e a cultura "sem que alguma, perca o ser una, sendo à outra unida", como expressa Silva Ramos em sua poética, significaria desafiar, por exemplo, o pessimismo de Freud em seu monumental *Mal-estar na cultura*, emblema de uma cisão inalienável, expressa pelas vicissitudes trágicas dos embates entre o desejo e o pacto civil.

Esses dois elementos constituintes do discurso trágico, segundo Loraux, que certamente não esgotam o extenso rol de determinações que aí se poderiam investigar, cumpre examiná-los por partes, em ordem inversa àquela apresentada aqui, ou seja, começando pelo aspecto antipolítico da tragédia.

II

Um aspecto dessa divisão promovida pelo efeito trágico, conforme nos aponta a autora, pode ser entrevisto no intervalo que a tragédia clássica faz incidir entre o sujeito e a Lei – a lei da Polis – e que, na modernidade, é deslocado para o interior do próprio sujeito. No interior das narrativas trágicas, o que se consuma no instante designado pela autora de "cena trágica", é algo que se pode descrever com o auxílio da racionalidade psicanalítica. A cena trágica consiste em nada menos que a dissolução de uma miragem identificatória que conferia ao protagonista, ao herói, o avatar de seu pertencimento ao Outro, ou ainda, nas palavras da autora, "a ruína de uma definição do homem"[1] (LORAUX, 1992, p. 25). Loraux chega mesmo a reconhecer fazer coro àqueles que afirmam ser a tragédia o gênero *"humano"* (LORAUX, 1992, p. 26) por excelência na medida em que "procede ao desnudamento radical do homem" (p. 26). A cena trágica designando aí o *instante lógico* desse desnudamento, instante em que a irrupção do real sela irrevogavelmente o abismo que separa o sujeito dos ideais que pareciam garantir sua existência. Desse instante – em que irrompe a força da *Até*, do destino – surge, conforme sugere Loraux, o paradoxal caráter antipolítico da tragédia, termo esse a ser compreendido no sentido daquilo que, no sujeito, faria exceção à regra universal que faz da cidade o emblema de um laço social.

É por essa via ainda que a tragédia, na experiência literária, entra na categoria do drama. Drama que, segundo a bela expressão de Nicole Loraux, faz do homem "criatura de um dia", protagonista de uma ação (*drama*) a partir da qual uma vida inteira se condensa em apenas "um único de seus dias" (p. 27). Desse dia, pode-se aventar que seu instante lógico coincide com aquele da presença diremos, pontual e evanescente, do sujeito. Ou, melhor dizendo, de um momento de irrupção do sujeito. A cena trágica poderia ser ainda aqui referenciada na noção freudiana da "outra cena". Sendo essa a via pela qual Freud capta e elabora a divisão provocada no instante em que se constitui a função do inconsciente: entrevista na surpresa que a decisão trágica desperta – no coro, *oh!*, não menos do que na audiência –, na *katharsis* do afeto que ela enseja e, mais além ainda, na ruptura do sentido que ela presentifica.

---

[1] Entre aspas no original.

Observe-se, contudo, que o aspecto antipolítico dessa cena aparece, sob a pena de Loraux, suportado pelo desejo do herói trágico, cuja verdade o singulariza e fere, em sua cidadania, o princípio mesmo sobre o qual ela se sustenta. Ou, dizendo de outra forma, a cena trágica estenografa esse momento em que a causa que subjaz à ação do herói rompe, em sua indeterminação, o assentimento sobre o qual se fundava sua adesão ao pacto civil. Antônio Teixeira esclarece, numa passagem de seu livro *O topos ético da psicanálise*, que o gesto trágico impõe uma ruptura da ordem política, "como uma ordem ainda mais radical de legalidade que a esta se opõe como limite necessário" (TEIXEIRA, 1999, p. 73).

Mas convém, contudo, indagar se os protocolos da cena trágica teriam por resultado uma ação necessariamente antipolítica – entendida como um movimento necessário de desfiliação cívica, de insubordinação, ou de manifesta oposição – ainda que reconheçamos a magnitude do conflito que ela instaura e a radicalidade da causa sobre a qual ela repousa. Se, como quer Loraux, o elemento antipolítico do trágico parece localizado sempre do lado do herói – numa perspectiva que só adquire seu pleno sentido na medida em que se afirma o aspecto de endereçamento da narrativa trágica e, conseqüentemente, a função da alteridade que se constitui em seu horizonte – mesmo ali, cabe considerar que a insubordinação ou a oposição seriam vicissitudes não menos legítimas no âmbito da esfera política e mesmo, observadas certas prerrogativas, constituintes mesmas dessa esfera. Com isso se poderia ainda entrever, na divisão promovida pelo efeito trágico, uma polaridade algo mais complexa do que aquela sugerida por Loraux, para quem os lugares do herói e da Polis coincidiriam com aqueles do antipolítico e do acordo cívico-democrático. Mas se o elemento antipolítico da função trágica, conforme argumentado aqui, não se constitui necessariamente no lugar do herói, isso, contudo, não extingue sua importância. O fato de que ele possa se constituir no lugar da Lei acrescentaria, conforme será evidenciado mais adiante, um caráter ainda mais dramático às vicissitudes que ele engendra.

Mas, para não perdermos de vista o caráter subjetivo da cena trágica, o segundo elemento destacado por Loraux, cumpre ainda algo indagar acerca dos determinantes das ações de seu protagonista. O que move um herói trágico? O que se pode entrever no horizonte do dia de seu desejo, e que seu ato faria irromper na paisagem monocromática dos dias? Do interior da solidão desse ato emerge, por exemplo, um elemento sacrificial que é aquele que se depreende da decisão de Antígona cuja imagem, sugere François Regnault, "é causa de catarse": "a imagem da jovem sozinha [...] votada para a morte e enterrada viva" (REGNAULT, 2001, p. 158). Ou ainda, como observa Lacan, a imagem "dessa vítima tão terrivelmente voluntária" (LACAN, 1991, p. 300). Para o psicanalista francês, Antígona, contemplada através dos séculos em seu "brilho insuportável" (LACAN, 1991, p. 300), é "levada por uma paixão" (p. 308). Na impossibilidade de reconstruir aqui a sofisticada análise que Lacan empreende dessa tragédia de Sófocles,[2] cabe tão somente destacar nela um elemento que nos permitirá articular a segunda parte deste trabalho, dedicada à incidência do trágico no fenômeno artístico contemporâneo, a saber, a *função da causa*. Função essa que a investigação da paixão de Antígona pretende esclarecer.

Para Lacan, Antígona protagoniza uma vida que não vale a pena ser vivida, uma vez que ela deve se submeter a uma Lei – da qual Creonte não á mais que o arauto – e cujo desígnio ela não pode suportar (LACAN, 1991, p. 318). Teixeira esclarece que o desejo que anima a decisão dessa heroína mítica, nascida da união incestuosa entre Édipo e Jocasta, é um desejo "que não pode ser explicado" (TEIXEIRA, 1999, p. 75). Essa indeterminação, que Lacan sugere entrever-se "no desabamento do castelo de cartas que a tragédia representa" (LACAN, 1991, p. 321) é, contudo, tornada visível nessa "zona limite entre a vida e a morte" (LACAN, 1991, p. 330). Teixeira acrescenta que é "no interior desse campo de atração que percebemos, no gesto de Antígona, o paradoxo de uma loucura meditada na qual se exprime sua condição trágica, condição cuja eficácia implica a assunção do infortúnio que lhe foi destinado através das gerações exteriores" (TEIXEIRA, 1999, p. 74). E se o autor tem razão ao afirmar que a Lei que move o gesto trágico da heroína "apresenta-se como incondicional no interior de seu próprio regime discursivo", a isso pode-se acrescentar que a causa que lhe é solidária não é ali menos incondicionada. A paixão trágica de Antígona seria, portanto, fundamentada no horizonte incondicionado de uma causa desejante, que se traduz, na esfera de sua decisão moral, no cumprimento de uma Lei não menos incondicional e que, conforme assinalado anteriormente, faz emblema da exigência de sua legalidade. Nenhuma consideração é prestada aqui, observe-se, às condições de universalização de seu ato.

---

[2] Os pormenores dessa análise foram recolhidos, estabelecidos e re-avaliados por Antônio Teixeira, no capítulo II de seu livro supramencionado, capítulo esse intitulado Os limites da responsabilidade trágica. No capítulo V dessa mesma obra – diga-se de passagem, referencial para qualquer tratamento do tema do trágico no âmbito da interface entre Filosofia e Psicanálise – o autor re-elabora a função do trágico, com base nos elementos introduzidos pelos discursos da ciência e do capitalismo, na contemporaneidade. Como o leitor observará aqui, as teses que esse autor ali formula servirão de bússola para grande parte do argumento estabelecido aqui.

Diferentemente da preleção kantiana, não é em função de uma regra universal "que Antígona se vê obrigada a agir" (TEIXEIRA, 1999, p. 76), como atesta ainda Antônio Teixeira.

Uma última consideração cabe ser anotada aqui a propósito do gesto trágico de Antígona. Lacan faz observar que, para a heroína, "a vida só é abordável, só pode ser vivida e refletida a partir desse limite em que ela já perdeu a vida, e que ela está para além dela – mas de lá ela pode vê-la, vivê-la sob a forma do que está perdido" (LACAN, 1991, p. 339). Para o psicanalista, Antígona está morta e reivindica a morte, identificada "a esse inanimado no qual Freud nos ensina a reconhecer a forma na qual a pulsão de morte se manifesta" (LACAN, 1991, p. 340). Teixeira aqui acrescenta que "tendo por ser o próprio desaparecer, ela termina por se converter no puro desejo de morte que a experiência trágica veicula" (TEIXEIRA, 1991, p. 79). Lacan escreve: "Nenhuma mediação é aqui possível, a não ser esse desejo, seu caráter radicalmente destruidor". Fato paradoxal revelado pela tragédia, a causa desejante cuja legalidade fundamenta seu predicado moral é ela mesma impregnada por um excesso cujo horizonte é a morte. Essa paixão, que a tragédia ensina a reconhecer em seu duplo e paradoxal aspecto de legalidade da honra[3] e da vida, e de sacrifício e gozo mortal, será mais adiante discutida valendo-se de exemplos extraídos pontualmente dos fenômenos da guerra e da arte. Em seu texto sobre Lewis Carroll, Lacan arrisca afirmar que "a verdadeira natureza da sublimação na obra de arte" consiste na "recuperação de um certo objeto" (LACAN, 2002, p. 12). Acrescente-se: objeto a partir do qual se revela a natureza paradoxal da causa. Seja na arte, seja no amor, seja no trabalho, não se saberia dizer de um sujeito se sua experiência com o objeto, a priori, se mais se define pela via de uma ligação com a causa do desejo, ou se conjura as forças da pulsão de morte em benefício do gozo-a-mais que necessariamente condensa. Freud faz epígrafe com essa regra, essa descoberta inaugural do estatuto do objeto, que ele extrai em 1899 da arte literária de um poeta trágico, Virgílio: *Se não posso dobrar os poderes celestiais, moverei as regiões infernais.*[4] Torna-se necessário pensar a seguinte questão, inexoravelmente descortinada pelo drama de Antígona: isso que está perdido, essa Coisa,

---

[3] O tema da honra aqui poderia receber um aporte da discussão que a ele dispensa Schopenhauer em seu *A arte de se fazer respeitar*. Lá, na máxima 5ª, o filósofo assinala o caráter "negativo" da honra, baseada mais numa regra de abstinência do que no âmbito da realização de ações emblemáticas. Na máxima seguinte, ele afirma que a honra "vem de dentro e não de fora [...] tem sua raiz em nós, ainda que floresça no exterior". SCHOPENHAUER, Op. Cit, p. 15-16.

[4] Epígrafe de *A interpretação dos sonhos*, publicada em 1900.

pode-se abordá-la "sob a forma do que está perdido" sem, contudo, necessariamente perder-se nela? No nível do sujeito, essa nos parece, enquanto psicanalistas, sobretudo, praticantes de uma clínica, a pergunta decisiva que se formula com base nas lições do efeito trágico.

A isso se acrescente ainda outra pergunta, fundada na manutenção da desafiadora proposição de Loraux: como fazer coexistir a tese do antipoliticismo em jogo no efeito trágico com aquela outra de que, desse mesmo efeito, pode-se deduzir o benefício da consolidação dos laços sociais e das apostas na democracia? No nível da cultura, de outra parte, escreveríamos dessa forma a pergunta que parece crucial: o que resultaria de um desligamento dos planos que dão consistência ao paradoxo da tragédia? O que seria o mesmo que indagar: qual o destino do trágico num horizonte cingido, por um lado, pelo imperativo de um gozo sem limite suportado na universalização de seu elemento antipolítico, e de outro, pela consolidação irredutível das escalas de deveres e desempenhos exigidos por essa sua filha bastarda, a democracia neoliberal? Desenvolver nosso argumento tomando-se por base essas perguntas pressupõe considerar outro conjunto de exemplos e situações a ser examinado a partir daqui.

III

"She looks like the real thing, she tastes like the real thing, my fake plastic love", canta um anônimo herói trágico contemporâneo, do qual só se entrevêem a expressão de gozo que emana de suas feições digitalizadas e a indisfarçável melancolia expressa nos versos e acordes da belíssima *Fake plastic trees. The bends*, de 1995, é um álbum que daqui a 30 anos – ou menos, quem sabe – conferirá a Thom Yorke e companhia a dignidade ora atribuída aos artífices de Rubber Soul e Sgt. Peppers. Radiohead, arrisco assinalar, representou para o crepúsculo do século XX – pelo menos no nível do significante – o que os Beatles representaram para o mundo, três décadas antes da gravação de The Bends.[5] *She loves you, yeah, but...* 30 anos depois, *a love like that... is a fake plastic love.* Não foram necessários mais do que 30 anos para que a maturidade da livre expressão do amor, do desejo, do encontro e da liberdade, reivindicada com a alegria ingênua dos jovens *aedos* de Liverpool, se materializasse numa árida e sofrida constatação do vazio com que o mundo pós-industrial brinda os mais caros entre os anseios humanos. *Fake* é uma palavra de

---

[5] Talvez não seja mero acaso o fato de que uma parte das gravações de The Bends foi realizada no lendário Studio Abbey Road, em Londres.

difícil tradução, e sua forma original costuma ser empregada em diversos idiomas, entre as quais o português. *Fake* aparece, na voz de Yorke, como aquilo cuja imagem e cujo sabor imita o das coisas reais, um *semblant*, para falar como Lacan. O *semblant* podendo ser aqui entrevisto, no escopo da sociedade administrada, senão como paradigma do laço social, pelo menos como efeito generalizado e regulador das relações num mundo desertado de ideais políticos e recuado das causas significantes, liberado ao hedonismo disfarçadamente melancólico do consumo dos bens, do tempo, do corpo e da crítica.

In a fake plastic society, vive-se num jardim das delícias em que tudo é parecido com as coisas reais, tudo é virtualmente real, até que, como sugere Lacan em *Lituraterra*, a ruptura de um semblante descortina o Real, que se apresenta como fenda (LACAN, 2001, p. 17). Antônio Teixeira adverte, a propósito do estatuto do trágico na contemporaneidade, que "o capitalista sabe que seu *semblant* de sujeito vazio, sem prerrogativas [...] abre o acesso ao mais-gozar" (TEIXEIRA, 1999, p. 187). Mais adiante ele aponta que o impacto dos acordos selados pelos discursos do capitalista e da ciência moderna sobre o ethos contemporâneo indicam que "tudo que podia evocar o ideal platônico de um 'bem para além de todo ser' tende a desaparecer", e que, com isso, o "*agalma* moderno" é deslocado para a satisfação dos desejos na uniformidade dos produtos industriais, "eliminando [para o sujeito] toda a particularidade por onde se desvelaria a verdade de sua causa" (TEIXEIRA, 1999, p. 189). É mesmo um corolário da retórica do capitalismo pós-industrial a produção de individualidades tanto mais parecidas entre si quanto mais convencidas de sua absoluta singularidade. No intervalo entre os acordes de Lennon e de Thom Yorke, as prateleiras em que se pode ir buscar a *good pair of blue suede shoes* se multiplicaram a ponto do consumidor não ser mais capaz sequer de conseguir enxergá-los todos. Tênis pra caminhar, pra correr, pra andar devagar, pra andar mais ou menos, pra nem precisar andar, pra transar e pra nadar... recentemente, uma famosa grife nacional anunciou que sua coleção de moda inverno será substituída quinzenalmente nas lojas. A *Folha de São Paulo* do último domingo noticiou uma querela entre a *Honda motors corporation* e uma proprietária de um Honda Fit 2006, que foi na concessionária trocar a lanterna do carro que ela comprou em novembro passado e descobriu espantada, que o Fit 2007 já saiu e que, portanto ela deveria procurar a peça em loja de peças usadas. "Estão desvalorizando nosso patrimônio", lamenta-se ela ao jornal, ao descobrir, atônita e ironicamente, que seu *Fit...* não serve mais. Vislumbra-se daí, contudo, que valor dos *semblants* reside, de fato, para além de qualquer um deles, a saber, na sanha insaciável de manter-se em condição de valor. O que coincide com a falência de algo que se expressa nessa palavra de etimologia curiosa: o patrimônio (do latim *patrimoniu* – herança paterna). Essa proliferação metonímica de *semblants* no entanto encontra, episódica e tragicamente, seu termo.

If I could be who you wanted all the time. "Se eu pudesse ser quem você queria o tempo todo"... é esse o bordão final de *Fake plastic trees*, e que aponta para o fracasso de uma existência suportada no semblante, cuja durabilidade, constate-se tragicamente, é bem menor do aquela dos plásticos, que os que vierem mil anos depois de nós encontrarão no fundo do mar.[6] Por seu turno, o naufrágio do semblante, a revelação de sua consistência *fake* promove, indica Lacan, certa visada do mundo ou, acrescenta ele num jogo de palavras, "do imundo", existindo aí a pulsão a figurar a vida (LACAN, 2001, p. 17). Nessa segunda parte do trabalho, procurar-se-á evidenciar em que medida os protocolos da experiência estética podem fazer operar manobras radicalmente distintas no que se refere ao estatuto dos semblantes.

IV

Vladimir Safatle observa – com base em uma análise do filme *Kill Bill*, de Quentin Tarantino – que ali se pode notar uma calculada estratégia de estetização da violência, absolutamente eficaz em seus propósitos de fixar o gosto do espectador num banho de sangue, para além do qual "pulsa a verdade de um amor trágico" (SAFATLE, 2005, p. 9) entre dois assassinos profissionais. "Quem pode ser mesquinho o suficiente para julgar moralmente um amor trágico" (SAFATLE, 2005, p. 9), pergunta Safatle, indicando que essa "ironia" é o ponto de ancoragem de um programa "ético", no interior do qual a barbárie que precede seu clímax encontra sua justificação. E ainda, o que é não menos impressionante, encontra a rendição complacente e encantada do espírito de um espectador, para o qual toda brutalidade a que foi cinicamente convidado a consentir, agora lhe parece não menos cotidiana do que quaisquer outros percalços entrevistos nos caminhos dos corações apaixonados. A estetização da violência ornamenta, com os pigmentos sanguíneos dessa tonalidade cínica, o conhecido adágio: *tudo em nome do amor*.

---

[6] Lembro-me, como disse Freud, "com maior vividez sensorial do que seria de se esperar", de uma ocasião em que uma paciente, logo ao se deitar no divã, estende a mão e me entrega um CD com essa música gravada. Durante essa sessão, em que suas lágrimas e seu silêncio triunfaram sobre seus esforços de dizer o que quer que fosse, ela somente foi capaz de murmurar que nessa canção eu poderia encontrar a expressão mais profunda de seu sofrimento. Ser o que um outro deseja, *all the time*, era uma impossibilidade que seus atos e palavras insistiam em refutar, com uma obstinação passionalmente inquietante. Naquele tempo, sua vida tornara-se insuportavelmente trágica.

Mais de meio século antes da estilizada guerrilha pequeno-burguesa de Tarantino, Walter Benjamin já argumentava que "todos os esforços para estetizar a política culminaram num só ponto: a guerra" (BENJAMIN, 1975, p. 33). Benjamin põe em evidência, em sua análise dos procedimentos técnicos do cinema, o fato de que ele se constitui numa arte em que o movimento frenético das imagens pode culminar numa deposição das armas do pensamento crítico e que, portanto, o choque traumatizante promovido ao espectador por quaisquer cenas aparece-lhe, independente do teor das mesmas, estranhamente libertado de sua "ganga moral" (BENJAMIN, 1975, p. 31). E recorre a um trecho do manifesto de Marinetti sobre a guerra da Etiópia, que leva ao paroxismo a estilização do que é hediondo, como que a demonstrar a veracidade dessa tese pela via de sua extensão ao absurdo. Escreve Marinetti, citado por Benjamin:

> decorridos vinte e sete anos, nós, futuristas, erguemo-nos contra a idéia de que a guerra seria anti-estética... daí porque... afirmamos isto: a guerra é bela porque, graças às máscaras contra gás, ao microfone terrífico, aos lança-chamas e aos pequenos carros de assalto, ela funda a soberania do homem sobre a máquina subjugada. A guerra é bela porque ela concretiza, pela primeira vez, o sonho de um homem de corpo metálico. A guerra é bela porque ela enriquece um prado com flores de orquídeas flamejantes, que são as metralhadoras. A guerra é bela porque ela congrega, a fim de fazer disso uma sinfonia, as fuzilarias, os canhoneios, o cessar fogo, os perfumes e os odores de decomposição. A guerra é bela porque ela cria novas arquiteturas, como aquelas dos grandes carros, das esquadrilhas aéreas de forma geométrica, das espirais de fumo subindo das cidades incendiadas e ainda muitas outras... Escritores e artistas futuristas... lembrai-vos desses princípios fundamentais de uma estética da guerra, a fim de que seja esclarecido... o vosso combate por uma nova poesia e uma nova escultura. (MARINETTI, *apud* BENJAMIN, 1975, p. 33-34)

Susan Sontag tragicamente nos convida a celebrar, em seu ensaio *Diante da dor dos outros*, as 20 décadas que se contam desde que, em 1800, o poeta inglês Wordsworth denunciou o cinismo dos tablóides britânicos em sua sanha por tragédias, guerras e tormentos a noticiar. Sontag descobre ainda, no diário de Baudelaire, a indignação com a qual ele responde ao mesmo desconforto: "É com esse aperitivo abominável que o homem civilizado diariamente rega o seu repasto matinal" (SONTAG, 2003, p. 90). A superabundância de imagens, conjugadas com o entretenimento mórbido a cuja função elas respondem, mitiga a capacidade de reagir moralmente ao horror que elas veiculam. A consciência moral, sugere Sontag, parece rebaixada a um estado de "torpor selvagem" (SONTAG, 2003, p. 91).

Quem se lembra dos jovens soldados norte-americanos no Afeganistão entrevistados por Michael Moore em seu documentário *Farenheit 11 de setembro*, reconhecerá os traços dessa estética belicista nos tempos da guerra cirúrgica – a guerra patrocinada pelos homens da ciência do império americano – que faculta aos soldados o regozijo de escutar suas músicas prediletas nos fones de ouvido, enquanto exterminam o inimigo, esse que lhes aparece sob o disfarce dos óculos de alta tecnologia, em contornos digitalizados de uma imagem de videogame: *Fake plastic war*. Mais atroz e virulento o procedimento da matança, menos aquele que o sustenta pode distinguir-lhe a realidade. Sob o patrocínio hipertecnológico da indústria cultural e da indústria bélica, quanto mais perversos os heróis do terror se delineiam, mais refinados, iconoclastas e sensíveis eles se pretendem, à la *Hannibal Lector*. Se Freud já entrevia em seu tempo os avatares do fascínio que o perverso exerce sobre a fantasia do neurótico, talvez ele, contudo, se surpreendesse diante desse indisfarçável elogio da perversão, financiado não menos por uma indústria do entretenimento absolutamente indiferente aos efeitos de seu programa. Surpresos talvez estejam ainda muitos daqueles que outrora aprendiam, através da *via crucis* do recalque, que não se podia brincar com coisa séria. E, para não perder de vista a política, coisa séria, quem poderia, afinal, reconhecer as raposas sob as películas de cordeiro 16 mm de Duda Mendonça? Vitimadas pela profecia de Benjamin ei-las, até hoje, em pé-de-guerra. Guerra tragicômica dos trópicos pós-revolucionários, pós Garcia-Márquez e pós Érico Veríssimo, em que o vermelho do sangue latino celebrado no canto de Ney Matogrosso, e outrora efetivamente derramando, tinge agora o molho de tomate – superfaturado – desse repasto diário que tem sido aquele de nossa alma cativa de uma dieta a base de pizza. Mas se "os ventos do norte não movem moinhos [...] o que importa é não estar vencido".

V

Catherine Grenier é curadora da maior mostra coletiva de arte moderna e contemporânea jamais reunida na Europa, levada a público em 2005 no Centro Georges Pompidou de Paris, e intitulada *Big Bang – criação e destruição na arte do século XX*. Entre as inúmeras particularidades dessa exposição, foram exibidos dezenas de livros e escritos diversos, de autores cujo pensamento de alguma forma condiciona, interroga ou problematiza a arte dos últimos cento e poucos anos. Poucas serão as vezes em que o público de uma exposição de arte terá a oportunidade de ver em exibição o *Seminário 11* de Lacan, aberto numa página do capítulo que versa sobre o circuito da pulsão. E que encontra seu lugar na exibição, ao lado de textos epigonais, a *Aula* de Barthes, as *Palavras e as Coisas*, e *O futuro dura muito tempo*, de Althusser.

Em seu artigo de apresentação da exposição, Grenier afirma que a história da arte desse século é marcada por uma drástica ruptura com a estabilidade das noções de beleza, harmonia e perenidade, esses "valores primeiros da estética" (GRENIER, 2005, p. 14) preservados criteriosamente através dos séculos precedentes. Grenier acusa nos procedimentos da arte de nosso tempo uma ligação indissociável entre a destruição desses cânones estéticos – "expressa nas formas mal-acabadas" que fazem insígnia dessa outra estética – com uma força positiva de criação, para a qual os restos do movimento anterior se constituem em matéria-prima. Como exemplos, Grenier evoca a destruição da figura no interior do programa expressionista, o automatismo da produção da obra e a derrisão do sentido entre os surrealistas, a "apoteose" (GRENIER, 2005, p. 14) dos restos da cultura popular, no Novo Realismo e na Pop-Art, culminando com o re-manufaturamento da mídia de massas pelos cyber-artistas contemporâneos. Rodrigo Duarte acrescenta que, "no âmbito da música a superação da tonalidade [...] torna-se um processo paralelo à supressão da figuratividade nas artes visuais" (DUARTE, 1982, p. 91).

Em *Le siécle,* Badiou também chama a atenção para essa aura que impregna a arte contemporânea de "combinar o motivo da destruição com aquele da formalização" (BADIOU *apud* GRENIER, 2005, p. 15). Entrevistado por Grenier por ocasião dessa exposição, Badiou argumenta que a arte que o Ocidente produz – talvez não coincidentemente após o advento da psicanálise – é uma arte que resvala no "paradoxo de uma arte iconoclasta, de uma arte destinada a mostrar o fim da arte" (BADIOU, 2005, p. 34). Mas, adverte ele, essa mesma arte encontra "na outra extremidade, a ideologia do desejo, do movimento, da criatividade das multiplicidades, proposta a atingir imediatamente as novas formas de vida, por uma espécie de proliferação movimentada e ativista do desobramento (*désoeuvrement*)" (BADIOU, 2005, p. 35). Essa palavra, de nítida inspiração blanchotiana e difícil tradução, torna-se, no argumento de Badiou, o signo mesmo de uma aventura do pensamento e da arte desse século emblemático, no interior do qual a psicanálise – sobretudo a lacaniana – teria um lugar determinante. Badiou não desenvolve esse ponto em sua entrevista, mas deixa entrever que a miragem de uma destruição dos avatares do humanismo teórico, que embasavam a consciência crítica do artista e do intelectual do século XIX, reuniu de um só golpe os artistas antialegoristas do início do século XX, os filósofos e os antropólogos estruturalistas, os arquitetos do materialismo pós-marxista – Foucault e Althusser, particularmente – e a psicanálise de Lacan, fortemente marcada pelo formalismo anti-humanista. Solidários em sua convicção de que o pensamento crítico não se sustenta sobre proposições fundadoras, estáveis e totalizadoras, artistas e intelectuais dessa extirpe pareceram comungar a intenção fundamental de promover, conforme Regnault, uma construção em torno do vazio. Walter De Maria, artista alemão, visa propriamente esse vazio quando cava um buraco de 300 metros sob uma colina de Munique e expressa, observa Wajcman, sua arte como aquela que tende "à singularidade absoluta", à manufatura das obras sem duplo, sem imagem, sem consistência e conceito. O objeto dessa forma da obra, concebida no gesto de sua própria dissolução reflete, no mosaico de seus estilhaços, as feições de um sujeito que ali se constituiu e que ali existiu.

Note-se ainda que o vazio que condiciona a experiência dessa arte pode ser contrastado e talvez até mesmo contraposto ao excesso que edifica os cenários bélicos da guerra fetichizada. Ou ao *glamour* que a cultura dos nossos dias reclama para toda e qualquer forma de existência, mesmo aquelas para as quais jamais outrora fosse suposto contarem com esse atributo. Vale lembrar que o endereço das baladas mais baladas de Paris é hoje o bar *Favela Chic*. Seus proprietários, brasileiros que fizeram sua vida no exterior, decoraram o interior do bar com motivos arquitetônicos da periferia do Rio de Janeiro, objetos de arte barata e do cotidiano das vilas cariocas, e vendem caipirinha à 12 Euros, com limão francês. Pode-se ir lá regularmente pra ouvir e dançar um samba partido alto e, nas noites das celebridades, *baile funk*, é claro. *Décadence, avec élégance,* diria outro de nossos artistas (em francês, no original), "se você não sabe a arte de saber andar, nem de salto alto nem de escada rolante".

Maurice Blanchot, que referencia o movimento próprio ao desobramento (*désoeuvrement)* proposto por Badiou, assinala, em *A besta de Lascaux*, que

> existe, na experiência da arte e na gênese da obra, um momento em que esta ainda é apenas uma violência indistinta tendendo a abrir-se e tendendo a fechar-se [...] a obra é então a intimidade em luta de momentos irreconciliáveis e inseparáveis [...] entre a forma em que ela se prende e o ilimitado em que ela se refuta, entre a obra como começo e a origem a partir de que não há jamais obra, onde reina a ociosidade (désoeuvrement) eterna. (BLANCHOT, 1982, p. 23)

No fundo do vazio, assinala Blanchot, a presença enigmática dessa "exaltação antagonista" que funda a comunicação, e que se manifesta, não menos, na arte da qual ainda somos contemporâneos. No jogo entre a forma e sua dissolução, entre o *semblant* e sua derrisão, quiçá uma evidência do paradoxo do trágico, aferida na plenitude de seu efeito, em que coexistem – nessa mesma exaltação antagonista – os irreconciliáveis que o constituem. Esses mesmos irreconciliáveis-inseparáveis é que se manifestam ainda nos objetos híbridos de Giacometti, nas bricolagens de formas e objetos díspares espalhados pelas paredes do atelier de André Breton. Nas telas meio pintadas, meio desenhadas, meio escritas de Cy Twombly; nas esculturas das noivas de papelão e alumínio de John Chamberlain, ou nos exércitos de insetos meticulosamente pintados, ornados e dispostos em formações militares, de autoria do artista belga Jan Fabre. Mais líricos, mas nem por isso menos arrojados, são *A tristeza do rei* de Matisse, toda a série sobre *Os Retirantes* de Portinari, ou o fabuloso *Retrato de Jany de Ruy*, de Artaud. Ou ainda a organicidade desencontrada das telas e objetos de Tomie Othake, a atopia inventiva dos espaços arquitetônicos de Niemeyer e de Daniel Libeskind, o jazz inclassificável de The Bad Plus e as recriações pós-naturalistas de nossos conterrâneos do Uakti e do Grupo Corpo.

Gérard Wajcman assinala que a obra de Freud é marcada por uma intenção de promover uma "deflação imaginária" (WAJCMAN, 2000, p. 43) das figuras de realidade do século XX. Tal intenção não seria de ordem diversa, argumenta ele, daquela que anima a perda da imagem e do sentido, insígnia também, portanto, de uma arte que, tendo atravessado todo esse século, ainda se faz no presente. O que reúne, pois, essas obras, essas singularidades, no arbítrio de um conjunto que as reúna, é o que Wajcman aponta como uma experiência que dá lugar a uma espécie de revelação, de "epifania do não-todo"; "epifania não-toda do não-todo da verdade" (WAJCMAN, 2000, p. 34). Da verdade não-toda captável pelo saber mas, desde Freud, suposta na produção artística.

Tal revelação epifânica, deve-se observar, não descreve, a partir de sua fórmula, aquela cujo resultado coincide com o de uma manifestação psicótica. Da revelação ora em questão, importa menos a significação que ela produziria do que a satisfação que dela decorre. O caráter não-todo da significação talvez nem mesmo justificasse o aspecto epifânico que pretende lhe atribuir Wajcman, a não ser pelo fato de que é da arte que ele provém. Adorno lembra, a propósito da experiência musical, que, quanto mais ela se afasta da linguagem, mais se realiza sua semelhança com essa. O objeto que na arte contemporânea visa programaticamente o real que lhe subjaz faz exaltar os sentidos, inclusive aqueles do pensamento. E nisso seu efeito estético é alçado à dignidade e ao enlevo próprio da arte como tal, em sua distinção. Ao mesmo tempo em que a sutura que se pretenderia que esse objeto ali realizasse – em benefício do *semblant*, do sentido absoluto, do acabamento e da unidade da experiência estética – não se verifica. Constata-se um benefício de outra ordem, não menos de natureza estética, e que provém de fora-da-linguagem, da causa que anima a opacidade própria do objeto. Os protocolos dessa forma de arte nos indicam a via através da qual o sujeito poderia fazer sua experiência com o objeto, como lembrara Lacan, *sob a forma do que está perdido*, sem, contudo, sucumbir à identificação trágica. Torna-se possível, desde aí, admirar os predicados estéticos de Níobe se petrificando – imagem emblemática "Antígona" de Lacan – sem, com isso, tornar-se pedra também.

Douglas Garcia Jr., na conclusão de seu livro *Dialética da vertigem*, sugere, com base em sua leitura da teoria estética de Adorno, a necessidade de se valorizar "uma racionalidade prática concebida esteticamente" (ALVES JR., 2005, p. 347). Segundo ele, isso coincidiria com a valorização de "um elemento vertiginoso, estético-moral, no pensamento filosófico" (p. 347) e, acrescentaríamos, no pensamento de modo geral. A figura da vertigem nos parece aqui absolutamente apropriada, se lembrarmos, por exemplo, do efeito despertado pelas vicissitudes dessa figura anunciada já no cartaz do filme "Vertigo", de A. Hitchcock, cuja tradução para o nosso idioma não seria menos sugestiva, diante do argumento ora explorado: *um corpo que cai*. Lembremos do efeito trágico de N. Loraux: a ruína de um semblante, de uma definição de homem. A vertigem, palavra para a qual nos falta um referente, é expressa usualmente por meio de uma espiral cujo vórtice tende ao indeterminado. O olho de um furacão, a causa propulsora desse circuito energético pode ser constatada, mas sua natureza própria escapa a qualquer esforço de representação. *In a place called vertigo*,[7] e disposto aos efeitos dessa inaudita dispersão, um sujeito pode captar a verdade trágica de sua divisão, animada por seu desejo, e devotar-se a nomeá-la. Incita-o a arte, inclusive aquela de psicanalisar.

Em seu escrito intitulado *Maurice Merleau-Ponty*, Lacan dirá que o artista nos franqueia o acesso a "isso que não saberia se ver", mas que

---

[7] Observe-se ainda o recurso ao tema da vertigem empreendido pelo grupo irlandês U2 – em seu recente álbum How to dismantle an atomic bomb (2005). A turnê Vertigo, que passou pelo Brasil em fevereiro passado, fez milhares de paulistanos e cariocas saírem do chão sob os acordes da música homônima, com a qual, segundo as críticas especializadas, o grupo retorna às raízes de seu rock´n´roll...

ainda é preciso nomear (LACAN, 2001, p. 183). A motivação que subjaz então a um universo artístico que só inclui a arte de psicanalisar como mais-uma recai sobre o propósito de nomear, com o cabedal não-todo dos nomes que se articulam, o trágico, o real e as utopias de uma existência constituída, conforme lembrara Adorno, pelas "coisas as quais nós não sabemos o que elas são" (ADORNO, 1982, p. 340).

REFERÊNCIAS

ADORNO, T. W. Vers une musique infomelle. In: *Quasi una fantasia*. Paris: Gallimard, 1982.

ALVES JR., D. G. *Dialética da vertigem* – Adorno e a filosofia moral. São Paulo: Escuta/Belo Horizonte: FUMEC-FCH, 2005.

BADIOU, A. Entretien avec Catherine Grenier. In: *Big Bang*: destruction et création dans l'art du 20e siècle. Paris: Éditions du Centre Pompidou, 2005.

BENJAMIN, W. A obra de arte na época de suas técnicas de reprodução. In: *Os pensadores*. São Paulo: Ed. Abril Cultural, 1975, v. XLVIII.

BLANCHOT, M. A *besta de Lascaux*. Trad. Márcio V. Barbosa a partir de: Paris: Fata Morgana, 1982.

DUARTE, R. A. P. Da filosofia da música à música da filosofia: uma interpretação do itinerário filosófico de Theodor Adorno. In: *Kriterion*, Belo Horizonte, v. XXXIII, n. 85, p. 9-30, jan./jul. 1982.

GRENIER, C. Le big bang moderne. In: *Big Bang*: destruction et création dans l'art du 20e siècle. Paris: Éditions du Centre Pompidou, 2005.

JORNAL FOLHA DE S. PAULO, 16-4-2006, caderno cotidiano.

LACAN, J. *O seminário VII – a ética da psicanálise*. Rio de Janeiro: JZE, 1991.

LACAN, J. Hommage rendu a Lewis Carroll. In: *Ornicar?*, revue du Champ Freudien, n. 50, 2002.

LACAN, J. *Autres écrits*. Paris: Seuil, 2001.

LORAUX, N. A tragédia grega e o humano. In: Novaes, A. (Org.). *Ética*. São Paulo: Cia das Letras, 1992.

RADIOHEAD, *The Bends*. Londres: EMI/Parlophone, 1995 (CD).

REGNAULT, F. Freud progressista a respeito do teatro. In: *Em torno do vazio:* a arte à luz da psicanálise. Rio de Janeiro: Contra capa, 2001.

SCHOPENHAUER, A. *A arte de se fazer respeitar ou Tratado sobre a honra*. São Paulo: Martins Fontes, 2004.

SAFATLE, V. Entre o sacrifício e o cinismo. *Jornal Folha de S. Paulo*, Caderno Mais!, 1º de maio de 2005.

SONTAG, S. *Diante da dor dos outros*. São Paulo: Cia das Letras, 2003.

TEIXEIRA, A. M. R. *O topos ético da psicanálise*. Porto Alegre: Edipucrs, 1999.

WAJCMAN, G. L'art, la psychanalyse, le siècle. In: AUBERT, J.; CHENG, F.; MILNER, J.C.; REGNAULT, F.; WAJCMAN, G. *Lacan, l'écrit, l'image*. Paris: Flammarion, 2000.

O TRÁGICO, A FELICIDADE E A EXPRESSÃO

Douglas Garcia Alves Júnior

O escritor argentino Ernesto Sabato, em *Antes do Fim*, obra de memórias, descreve no final dos anos 1990 alguns elementos da condição humana contemporânea. Cito:

> Agora o homem está a um passo de se transformar em um clone por encomenda: olhos azuis, simpático, empreendedor, insensível à dor ou, tragicamente, pronto para ser escravizado. Engrenagens de uma máquina, fatores de um sistema. Tão longe, Hölderlin, do tempo em que os homens se sentiam filhos dos Deuses!
> Os jovens sofrem com tudo isso: já não querem ter filhos.
> Não existe ceticismo maior.
> Como os animais em cativeiro, nossas jovens gerações não se arriscam a ser pais. Tal é o estado do mundo que estamos entregando a eles.
> A anorexia, a bulimia, a dependência de drogas e a violência são outros sinais do tempo de angústia ante o desprezo pela vida por parte dos que mandam.
> Como poderíamos explicar a nossos avós que levamos a vida a tal situação que muitos jovens chegam a morrer porque não comem ou vomitam os alimentos? Por falta de vontade de viver ou para cumprir com o mandamento da televisão: magreza histérica. (SABATO, 2001, p. 112)

A desistência da procriação, a incidência de transtornos alimentares que não raro impõem a morte por definhamento, a obliteração do outro que a entrega à droga propicia, a ausência de planos para o futuro, o sentimento de que o homem deve, para seu próprio bem, tornar-se um instrumento da técnica. Sabato nos diz que tudo isso acontece "tragicamente". Isso quer dizer: como efeito incontrolado e imprevisto do uso das próprias potências intelectuais e práticas do homem. Proponho, na exposição que se segue, uma exploração dos sentidos dos termos "tragicidade", referido a uma condição humana mais fundamental, de "trágico", correspondente a uma "transcriação" artística e filosófica dessa condição, e de "sobre-tragicização", que procura captar os contornos contemporâneos daquilo que Sabato apontou, ou seja, da intensificação, a que se assiste hoje, da potência autodestrutiva da liberdade e da inteligência humanas, o que chega a pôr em risco a própria sobrevivência da espécie, e mesmo da vida no planeta. Minha hipótese inicial é a de que, ao mesmo tempo em que se vive angustiadamente a "sobretragicização", inclusive no registro dos sintomas psicopatológicos, a possibilidade de sua simbolização, de sua inscrição cultural e social, via arte e via reflexão, encontra-se seriamente comprometida.

SOBRE-TRAGICIZAÇÃO VIVIDA, PERDA DO TRÁGICO

Permitam-me retornar ao livro de Ernesto Sabato. Ele nos oferece uma bela amostra de como a inscrição simbólica da tragicidade fundamental da condição humana – refiro-me à impotência diante da morte, do sofrimento físico e da solidão – é capaz de dar forma e acolher a destrutividade e a passividade mórbida advindas do encontro do homem com os limites irreversíveis do vivido. Algumas páginas após a descrição mais triste e pungente da morte de seu filho Jorge, morte que parece, no seu relato, escurecer e esfriar o universo inteiro, Sabato conta de sua viagem à Albânia, terra de seus antepassados, aonde fora receber um prêmio literário:

> Houve danças e cantos na inesquecível entrega do prêmio. Um poeta entregou-me uma urna contendo terra trazida da aldeia natal de minha mãe. E um grande escritor mostrou-me um caderno que mantivera oculto na prisão; com letra minúscula, copiara um texto de Camus e meu "Querido e remoto rapaz", de *Abadon*. Disse-me chorando que durante os muitos anos em que estivera preso, lia diariamente essas páginas, às escondidas, para poder resistir... No dia seguinte despediram-nos com música e flores; foi tão emocionante que passei mal nos corredores do aeroporto. (SABATO, 2001, p. 130s).

O testemunho de Sabato pode nos tornar conscientes da idéia de que a expressão estética tanto da "tragicidade" fundamental como da "sobre-tragicização" do vivido, isto é, dos aspectos extremos que o poder das formas contemporâneas de dominação do homem alcançou, pode ajudar a criar uma *felicidade* possível na experiência e no sentimento de uma *resistência compartilhada*. Portanto, podemos pensar que é possível, ainda, o "trágico" como expressão simbólica, como cultura comum, das fraturas da experiência individual e histórica contemporâneas.

Sabato, enfim, evoca o dito de Valery, de que "toda felicidade é uma felicidade de expressão". Desse modo, adianto que, na minha exposição, é a categoria de *expressão* que fará o papel de termo médio entre o trágico, noção eminentemente estética, e a de felicidade, que remete à ética. Dito de outro modo, trata-se de pensar que a elaboração estética da tragicidade da condição humana se entrelaça com o confrontamento ético da sobre-tragicização vivida no plano das sociedades e dos indivíduos, de maneira que a felicidade pode ser entendida como o *trabalho da interposição de mediações*, de aproximações intersubjetivas, ante a brutalidade da morte, da violência e da dominação.

O que freqüentemente nos choca, contudo, é o fato de que a perda da capacidade de estabelecer mediações torna-se, cada vez mais, um princípio dominante da vida social contemporânea, de um modo que amplia e torna ainda mais dura a sobre-tragicização do vivido, e mais difícil a inscrição simbólica do trágico, bem como sua comunicação e percepção pelas pessoas. Isso alude à obra de Beckett, de quem somente com as necessárias qualificações – que farei mais adiante – poder-se-ia dizer que foi um trágico, mas que expressou muito fielmente os elementos centrais da sobre-tragicização contemporânea. A obra de Beckett permanece, ainda hoje, um incômodo para o público, que sente imensa dificuldade em se confrontar com ela.

Pode-se dizer que essa dificuldade de estabelecer contato com a obra de arte trágica advém de uma banalização da experiência cultural do que significa o "trágico". Todos sabemos que é um termo que comparece com muita freqüência nos noticiários televisivos e nos jornais. Nesse contexto, "tragédia" e "trágico" denotam quase sempre o acontecimento da morte violenta, ligado basicamente a eventos da natureza (maremotos, terremotos, enchentes, deslizamentos de terra etc.) e a acidentes de meios de transportes (colisões de veículos, quedas de aviões, naufrágios). Um número menor de ocorrências jornalísticas de "trágico" remete a crimes passionais e a mortes coletivas por fome e doença em países assolados pela pobreza e pelo autoritarismo (há até um termo jornalístico para este último caso, o de "tragédia humanitária").

O que podemos tirar disso tudo? No discurso midiático corrente sobre o trágico, podemos discernir três elementos que condicionam a forma como ele é apreendido: em primeiro lugar, trata-se de algo que tem a característica de evento, e de *evento* ligado *unicamente à morte*; em segundo lugar, o trágico é tido como algo que tem a característica de impor uma *coletivização forçada*, uma reunião das diferenças no grande evento que destrói sem fazer distinção de cor, sexo, riqueza etc.; em terceiro lugar, o trágico da televisão apresenta o feitio de um *transbordamento da natureza que é acionado por um excesso culpável*: seja nos grandes eventos naturais, em torno dos quais se constrói um imaginário de culpabilização do "homem" dominado pela técnica, seja nos acidentes de veículos e nos crimes passionais, em relação aos quais aparece a idéia de que a embriaguez, o uso de drogas e uma passionalidade exaltada conduziriam inexoravelmente à destruição.

Avancemos um pouco mais nesse delineamento do *trágico-banal*. Desde Hannah Arendt, aprendemos que o banal não significa algo sem efeitos de grande magnitude e destrutividade. Pelo contrário, como Arendt mostrou em *Eichmann em Jerusalém: um relato sobre a banalidade do mal* (ARENDT, 2000), a banalidade é, na verdade, a grande responsável pelo amplo espectro de desastres políticos e sociais que se abateram sobre o homem contemporâneo. Arendt contrapôs banalidade e profundidade. A banalidade denota a incapacidade de pôr em questão a legitimidade dos princípios e regras que orientam a conduta no interior de uma determinada sociedade. A banalidade, em outros termos, é o excesso de "normalidade", a atitude que toma o que existe como justificado, sacrossanto, intocável. Quando a banalidade se instaura numa forma de vida, diz Arendt, o pensamento se torna supérfluo, e, quando o pensamento se torna supérfluo, os homens se tornam supérfluos. Por outro lado, o pensamento (ARENDT, 2002) é a dimensão em que se realiza a profundidade do humano, da busca do significado, da finalidade, da justificação universalizável das razões e das normas. Onde a banalidade só enxerga imperativos de conduta, a profundidade começa a "descongelar" (para usar uma expressão de Arendt) os preceitos existentes, perguntando pelo seu sentido.

O "trágico" televisivo, com suas características conjuntas, lembremos, de exposição de uma morte coletiva, auto-inculpável e "hipernatural", será capaz de dar acesso a uma experiência da profundidade daquilo que chamei de "tragicidade", e, mais ainda, da "sobre-tragicização"? Ou será que ele conforta a subjetividade contemporânea nas certezas da banalidade, que são as da confirmação da própria identidade "pura", e da segurança moral, estética e política, também marcadas pela "pureza"? Seria interessante, a esse respeito, evocar a reflexão que Adorno e Horkheimer fizeram, já nos anos 1940, sobre a "liquidação do trágico" (ADORNO; HORKHEIMER, 1985, p. 141-144) que a indústria cultural, segundo eles, estava consumando.

Adorno e Horkheimer lembram que a tragédia grega configurava a experiência social em forma literária e em evento estético-político. Na tragédia grega, Aristóteles apreendeu a formalização artística das duas grandes paixões que opõem e aproximam os homens, a paixão do medo diante do desmesurado, do terrível e o do inesperado, tais como aparecem diante de nós, no destino dos outros; e o sentimento de compaixão, de afinidade para com o sofrimento do outro, o qual aparece diante de nós como *espaço comum de humanidade*: sofremos porque somos humanos, de um modo que só os humanos podem sofrer, uma vez que conhecemos a corporeidade e a dor, como os animais, e a memória e a antecipação do mal, à diferença deles. Assim, o trágico grego coloca em primeiro plano a *expressão* da *separação e afinidade* entre os seres humanos, e o significado ético, político e estético que ela possui, na medida em que o terror diante da morte, da dor e da solidão é experimentado concomitantemente ao horizonte da compaixão, da aproximação do outro.[1]

Segundo Adorno e Horkheimer, a "liquidação do trágico" pela indústria cultural é um fenômeno ao mesmo tempo objetivo e subjetivo (ADORNO; HORKHEIMER, 1985, p. 144-146). Em termos objetivo-subjetivos, ela designa a subsunção da individualidade desenvolvida pelas formas de vida liberal-capitalistas às tendências de individuação impostas pela própria transformação do capitalismo tardio, de fundo monopolista. Dito de outro modo, o progresso do princípio de produção capitalista teria tornado obsoleta a mediação da individualidade. A indústria cultural, que tem a sua honra no princípio da literalidade mimética, isso é, na reprodução exata do fenômeno, é o aparato sistêmico de produção cultural da pseudo-individualidade, da subjetividade orientada pelo imperativo internalizado de adaptação às tendências sociais em acelerada mutação. No plano ético da liquidação do trágico, o elemento fundamental que teria se perdido é a tensão viva entre o terror e a compaixão. Os produtos da indústria cultural dissociam o terror e a piedade diante do sofrimento do outro, de maneira que o elemento ressaltado por eles é a exigência de conformidade, de não se deixar levar pela idéia que o indivíduo pode ser o portador de pretensões tão elevadas quanto as pretensões da universalidade social. A desgraça do vilão e o final feliz do casal típico dos filmes da indústria cultural são o registro cultural e psíquico da necessidade de adaptação social. Desse modo, o sofrimento do outro é, na verdade, a senha para um dupla operação: de

---

[1] Cf. a esse respeito os trabalhos primorosos de Jean-Pierre Vernant, especialmente: VERNANT, Jean-Pierre. *Entre mito e política*. São Paulo: EDUSP, 2002; e VERNANT, Jean-Pierre; VIDAL-NAQUET, Pierre. *Mito e tragédia na Grécia Antiga*. São Paulo: Perspectiva, 1999.

um lado, ele é objeto de um rígido moralismo; por outro lado, ele é o lugar do ridículo, do rizível, do que deve ser posto à parte pelo conjunto da sociedade – o que só vem a confirmar, narcisicamente, para os consumidores da indústria cultural, o princípio de sua "pureza", de sua distância em relação ao outro sofredor.

No plano estético, a perda sofrida com a liquidação do trágico teria sido a dissolução da capacidade de articulação formal entre materialidade sensível e racionalidade, entre mímesis e construção, nas obras de cultura. Isso nos leva ao exame que Adorno fez dos princípios formais da arte contemporânea, do que tratarei mais adiante, ao recuperar seu comentário de Beckett. Por hora, minha intenção é ressaltar o interesse da idéia frankfurtiana de que há na cultura contemporânea, de modo sistemático e abrangente, *a produção de um interdito* da expressão da tragicidade, uma perda do trágico enquanto possibilidade artística, na medida em que a indústria cultural tende a ocupar todos os espaços e a impor um idioma cultural conformista e redutor, com pouca capacidade de elaboração formal (ADORNO; HORKHEIMER, 1985, p. 116-123). Assim, o registro banal do trágico televisivo pode ser visto como uma das manifestações desse interdito, se aceitarmos a hipótese (polêmica) de que o jornalismo se tornou um dos setores da indústria cultural (BUCCI, 2004). A ausência de profundidade da exploração do sentido da tragicidade transparece nas manchetes altissonantes sobre a "tragédia" do último desastre aéreo, que suscitam o terror diante da morte, ao mesmo tempo em que excluem a compaixão, ao culpabilizar secretamente os mortos e a "hiper-natureza" providencial pelo acidente.

AS ARMADILHAS DO SENTIDO

Na verdade, a dificuldade de expressão da tragicidade remete a um problema mais fundamental, que condiciona as possibilidades expressivas da indústria cultural, mas que abrange também todas as formas tradicionais de representação da racionalidade ocidental, quais sejam, a arte, a religião, a ciência e a filosofia. Refiro-me ao problema da representação do sofrimento, ou, mais especificamente, à tentação de uma *super-elaboração de sentido para o sofrimento*, que, no final de contas, oblitera sua realidade e o subsume aos imperativos internos da modalidade representacional envolvida. Em outros termos, trata-se, na religião, de submeter o sofrimento à unidade da natureza, criada por Deus como coisa boa, e à consonância ao desígnio divino, regulador dos excessos advindos do mal inscrito na liberdade humana. Na arte, o sofrimento usualmente recebe uma representação mais nuançada, em razão do peso maior conferido estruturalmente à materialidade na instituição da obra de arte – o que não a isenta da tentação da *pseudomorfose*, da imitação dos procedimentos de articulação de sentido encontrados em outras expressões culturais, como a religião e a ciência. Em relação a esta última, a ciência pode ser entendida como a mais consumada operação de abstração do sentido do sofrimento. Isso, paradoxalmente, acaba por encerrar um sentido todo abrangente para o sofrimento. A operação funciona da seguinte maneira: a ciência, como forma de racionalidade voltada para o cálculo, a classificação e o estabelecimento de regularidades fenomênicas quantificáveis, lida com o sofrimento como "despesa acidental", como resistência qualitativa não importante para o registro totalizador do funcionamento da sociedade, da economia, das organizações empresariais e dos órgãos humanos. Ao privilegiar as categorias de identidade, totalidade, sistema e síntese, a ciência tende a relegar o sofrimento a algo sem densidade epistêmica, um "fantasma na máquina". Desse modo, o sofrimento se converte em sentido, ainda que um sentido muito genérico: o resto, a resistência, o não-funcional (ADORNO; HORKHEIMER, 1985, p. 207-210; 213-220).

A filosofia, a princípio, como forma de racionalidade marcada pela auto-reflexão, estaria em condições de lidar melhor com a realidade fugidia e complexa do sofrimento. Não é o que se verifica, entretanto, quando se consideram as tendências que predominaram nos vinte e cinco séculos da sua constituição. Por um lado, as modalidades filosóficas marcadas pela *ontologia*, desde a filosofia antiga, passando pela filosofia medieval, até a filosofia moderna, lidaram predominantemente com o sofrimento de uma maneira não muito diferente do que fez a religião. Ou seja, relegaram o sofrimento ao registro ontológico da impermanência, da falta de ser, da multiplicidade confusa e da materialidade inessencial. Por outro lado, o recorte inaugurado pela figura do *transcendental*, na modernidade, subsumiu o sofrimento à liberdade da razão pura prática, na figura da dor advinda pelo respeito à lei moral, e não concedeu a ele qualquer papel epistêmico na arquitetura do sistema.[2]

Foi preciso esperar pela filosofia contemporânea para que um outro entendimento filosófico do sofrimento se articulasse, principalmente nas obras de Schopenhauer e de Nietzsche. Nesses autores, o avesso da representação racional é tematizado, e a materialidade é posta como condição de possibilidade de articulação do sentido e do conceito filosófico.

---

[2] Para um tratamento mais extenso deste tópico, cf. ALVES JR., Douglas Garcia. *Dialética da Vertigem: Adorno e a filosofia moral.* São Paulo: Escuta; Belo Horizonte: FUMEC, 2005, particularmente p. 59-98.

No século XX, diversos autores ocuparam-se dessas questões, entre os quais Theodor Adorno e Emmanuel Lévinas figuram entre os mais fecundos e originais. No que se segue, faço uma recuperação da autocrítica que a filosofia tem feito a respeito da consideração do sofrimento, nas obras de Nietzsche, Adorno e Lévinas, restringindo o foco da exposição ao tema da dificuldade de representação do sofrimento e na armadilha de sobrecarregá-lo de um sentido impositivo e abrangente.

Nietzsche representa o mais importante ponto de inflexão da história da filosofia na consideração do sofrimento. Toda sua obra mostra uma preocupação com o tema, de modo que se trata, aqui, meramente de indicar alguns pontos de articulação (Cf. ALVES JR., 2005, p. 175-223). Em primeiro lugar, Nietzsche indica a *limitação incontornável da racionalidade* e do conceito, entendidos como delimitações da experiência, mapeamentos frágeis e ilusórios da complexidade do vivido, da infinita variedade da esfera material, na qual a realidade da vida em expansão e do sofrimento despedaçador são duas faces da mesma moeda. Em segundo lugar, o sofrimento, ao apontar para a gênese irracional da própria racionalidade, indica que essa limitação da razão implica uma metafísica que se estabelece sempre como um tipo de instância de avaliação da vida, ou seja, estaríamos sempre às voltas com tentativas de *mascarar a situação de impotência* e limitação da racionalidade, tentativas que usualmente assumem a forma de uma justificação racional da integralidade das esferas do vivido, estabelecendo arbitrariamente seus valores e sentidos. Por fim, Nietzsche indica, de modo magistral, como a razão, no seu horror à ausência de sentido, uma vez que ele é a ferramenta necessária à subsunção integral da vida ao conceito, acaba por criar *a exigência de que o sofrimento tenha um sentido*, e, mais do que isso, que ele sirva à construção de memórias que demonstrem a superioridade moral do ascetismo, da renúncia à sexualidade, da desvalorização do cuidado do corpo e do recalque do reconhecimento da destrutividade como componente de todo conhecimento e de todo agir.

Na perspectiva aberta por Nietzsche, portanto, o sofrimento aparece como aspecto fundamental da vida, de sua conservação e expansão, como fundo irreferenciável da racionalidade e do conceito, e como aquilo que resiste à arbitrariedade moralista dos juízos de valor a respeito da vida. Em Nietzsche, a tragicidade encontra expressão no reconhecimento que ele consuma da limitação e da precariedade da experiência humana do pensamento e da ação, seja essa voltada para a dominação, seja voltada para o entendimento.

A filosofia de Emmanuel Lévinas representa, por sua vez, a tematização rigorosa dos limites da compreensão transcendental do sofrimento.

Lévinas mostra como o sofrimento é ambigüidade de dado e de não-identidade inassimilável, de passividade radical e conteúdo (ainda que opaco) da consciência. Seria preciso, assim, inscrever o sofrimento entre as condições de possibilidade do sentido. Cito Lévinas:

> Como se ao "eu penso" kantiano, capaz de reunir em ordem e convergir em sentido, sob suas formas a priori, os dados mais heterogêneos e mais disparatados, o sofrimento não fosse somente um *dado* refratário à síntese, mas a *maneira* pela qual a recusa, oposta à reunião de dados em conjunto significativo, se lhe opõe; a dor é, ao mesmo tempo, o que desordena a ordem e o próprio desordenamento. Não somente consciência de uma rejeição, ou sintoma de rejeição, mas a própria rejeição: consciência ao avesso, "operando" não como "apreensão", mas como revulsão. Uma modalidade. Ambigüidade categorial de qualidade e de modalidade. Negação e recusa de sentido, impondo-se como qualidade sensível. (LÉVINAS, 1997, p. 128)

Lévinas estabelece uma complexidade hermenêutica para o sofrimento, feito de passividade radical, vulnerabilidade que atravessa a própria receptividade dos sentidos, e é anterior a ela, e, ao mesmo tempo, abertura a uma intersubjetividade mais profunda do que a da razão e do conceito, na medida em que a não-identidade do sofrer, "por sua não-integração na unidade de uma ordem e de um sentido", desafia as construções que as teodicéias ergueram para justificar o sofrimento. Depois de Auschwitz, o problema se mostra especialmente mais agudo, e Lévinas mostra que se impõe a recusa das teodicéias, em nome do reconhecimento filosófico de "um além no inter-humano" (LÉVINAS, 1997, p. 131). Não-sentido e abertura ao sentido, o sofrimento impele a filosofia a um reconhecimento das armadilhas conceituais que acabam por desfigurar a possibilidade de uma representação complexa da tragicidade. Segundo Lévinas, a compaixão (elemento central do trágico) só pode despontar como doação de sentido no sofrer "pelo-outro", sofrer com o sofrimento do outro, abertura a um "inter-humano" da passividade radical. O que é possível representar do sofrimento, portanto, é a zona de opacidade que se abre entre o eu e o outro, e que, ao mesmo tempo, aproxima e engaja o meu sofrer ao sofrer do outro.

Esse questionamento das representações metafísicas e transcendentais do sofrimento é realizado em diversos níveis da obra de Adorno. Na *Dialética do Esclarecimento*, escrita com Max Horkheimer, Adorno tematiza a constituição da racionalidade tanto a partir da mímesis como do recalque da mímesis. Poder-se-ia dizer, assim, de uma *antropologia negativa estética* em Adorno, que retraça as condições de possibilidade do sentido nas operações de abstração, de separação progressiva da razão em relação ao seu substrato de vida, corporeidade e passividade. Nessa perspectiva, o componente mimético, imitativo da consciência – que carrega uma ambigüidade fundamental, na medida em que, por um lado, envolve uma aproximação simpatética com o ambiente, e, por outro, mostra-se como impulso que serve à fixação da regularidade subjacente à multiplicidade do vivido –, é progressivamente controlado, administrado, em função do predomínio da componente instrumental do conhecimento, voltado para a autoconservação. A conseqüência desse processo é uma perda progressiva da capacidade de atribuir sentido independente para a natureza e os impulsos miméticos humanos. A natureza passa a ser vista como um ser-para-a-utilidade, e a mímesis é considerada quase sempre como um excesso culpável, que levaria o sujeito a perder-se em uma fusão perigosa com a natureza. Desse modo, o sofrimento é apreendido pela modalidade dominante da racionalidade ocidental como resíduo mimético, impulso que lembra ao homem o seu pertencimento à natureza, lembrança vergonhosa que é recalcada em prol de um recrudescimento da dominação da natureza, tanto externa, como interna. Em suma, diante da razão esclarecida, o sofrimento aparece como zona de indistinção entre humanidade e natureza, destituída de sentido e obstáculo para a organização racional da sociedade e das condutas. Nessa perspectiva, as análises sobre o Marquês de Sade e Kant, e sobre o anti-semitismo nazista, demonstram o modo como a modernidade tem dificuldade de lidar com a diferença inassimilável representada pelo sofrimento.[3]

Na *Dialética negativa*,[4] Adorno empreende uma extensa reflexão sobre o sofrimento, em que tenta recuperar sua dignidade filosófica, e escapar, ao mesmo tempo, das armadilhas tradicionais do sentido. Em continuidade com as teses filosófico-antropológicas desenvolvidas na *Dialética do Esclarecimento*, Adorno pensa o sofrimento não como invariante ontológica ou elemento subsumível a uma estrutura transcendental. Diversamente, trata-se de pensar o sofrimento no horizonte do movimento dialético de passagem incessante entre materialidade e racionalidade, movimento eminentemente histórico e social. Para os

---

[3] Cf. ADORNO e HORKHEIMER, op. cit. Sobre Kant e Sade, cf. o "Excurso II: Juliette ou Esclarecimento e Moral", p. 81-112; sobre o anti-semitismo, cf. o capítulo "Elementos do anti-semitismo: limites do Esclarecimento", p. 157-194.

[4] ADORNO, Theodor W. Negative Dialektik. In: *Gesammelte Schriften*, Volume 6. Editado por Rolf Tiedemann. Frankfurt am Main: Suhrkamp, 1977. Sobre a questão do sofrimento na *Dialética Negativa*, cf. especialmente as seções "O sofrimento é físico" (*Leid physisch*, p. 202s), "Depois de Auschwitz" (*Nach Auschwitz*, p. 345-348), "Metafísica e cultura" (*Metaphysik und Kultur*, p. 358-361) e "Morrer hoje" (*Sterben heute*, p. 361-366).

propósitos desta exposição, gostaria de ressaltar três aspectos da argumentação de Adorno. Primeiramente, o fato de que Adorno faz do sofrimento o "motor do pensamento dialético",[5] ou seja, ele recupera um espaço filosófico para o sofrer, mas um *espaço de negatividade*: ele não é pensado mais como obstáculo ou resto, mas como impulso que aciona a experiência do pensar, sem que essa experiência tenha o dever de encontrar um sentido impositivo para ele. Em segundo lugar, Adorno assume que o princípio regulador da própria atividade filosófica é o de "deixar o sofrimento ser pronunciado",[6] isto é, a consideração do sofrimento é fundamental para a dialética negativa, na medida em que ele impõe uma orientação filosófica a contrapelo das tendências dominantes do esclarecimento. Isso poderia ser descrito como uma *contra-hermenêutica da razão*, que a apreende como expressão deformada do sofrimento. Além disso, a experiência proporcionada em escala universal pelo advento de Auschwitz, da "nua ansiedade física diante dos corpos torturáveis",[7] da realidade monstruosa do sofrimento provocado pela mera exigência de uma lógica instrumental – essa experiência desperta a razão da sua modalidade peculiar de sono dogmático quanto ao sofrimento, para uma *exigência ética universal*: "Hitler impôs aos homens, em seu estado de não-liberdade, um novo imperativo categórico: o de não deixar, por meio de seu pensar e seu agir, que Auschwitz, nem nada semelhante, se repita".[8]

As teses filosóficas sobre o sofrimento, desenvolvidas por Adorno na *Dialética negativa*, articulam o entendimento de que a razão é sempre, de algum modo, *expressão* do sofrimento, de que ela articula sentido para o sofrimento, seja o não-sentido da pura negatividade a ser submetida, seja o hiper-sentido da demonstração da ordem divina do universo. É certo que Adorno tenta articular outra concepção do sofrimento, para a qual a razão é *expressão do não-sentido no sentido*, expressão do não-idêntico. Isso aproxima a filosofia de Adorno do trágico, noção que desenvolverei a seguir, em termos de um comentário de aspectos da *Teoria Estética* de Adorno, e da sua análise do teatro de Beckett.

---

[5] "Aller Schmerz und alle Negativität, Motor des dialektischen Gedankens": idem, ibidem, p. 202.

[6] "Das Bedürfnis, Leiden beredet werden zu lassen, ist Bedingung aller Wahrheit": ADORNO, Theodor W., op. cit., p. 29.

[7] "Der Impuls, die nackte physische Angst und das Gefühl der Solidarität mit den, nach Brechts Wort, quälbaren Körpern": idem, ibidem, p. 281.

[8] "Hitler hat den Menschen im Stande ihrer Unfreiheit einen neuen kategorischen Imperativ aufgezwungen: ihr Denken und Handeln so einzurichten, daâ Auschwitz nicht sich wiederhole, nichts Ähnliches geschehe": ibidem, p. 358.

A REVERSÃO ESTÉTICA

Adorno uma vez disse que a obra literária de Beckett é a "única produção metafísica realmente relevante de depois da guerra" (ADORNO, 1998, p. 184). Sem ignorar a enorme resistência provocada pela obra de Beckett, ele conta uma pequena história pessoal: o escritor judeu H. G. Adler, sobrevivente do extermínio, ao ouvir o nome de Beckett, diz a Adorno: "Se Beckett tivesse estado num campo de concentração, provavelmente não teria escrito essas coisas desesperadoras, ao invés, teria escrito coisas que dão coragem (*Mut machen*) às pessoas" (ADORNO, 1998, p. 194). O comentário de Adorno é uma crítica à exigência de "pensamento positivo", à obrigação das pessoas se agarrarem cegamente à autoconservação, sem atentar, ao mesmo tempo, para o *conteúdo de verdade* das representações veiculadas pela cultura. Ou seja, o conteúdo de verdade de uma obra de arte, ou de um pensamento, não deve ser confundido com seu valor para a conservação do sujeito. Adorno chama a atenção para o fato de que essa injunção de "dar coragem" é um gesto de cobrir de sentido o sofrimento, gesto ao qual a filosofia e a arte não devem se entregar, sob pena de cair na irrelevância, na banalidade. De fato, diz Adorno, com esse tipo de atitude, as vítimas que morreram em meio ao maior sofrimento "são tratadas pela metafísica da mesma maneira, no fundo, do que são pela indústria cultural" (ADORNO, 1998, p. 195). Em Beckett, muito diversamente, há uma notável exposição da realidade do sofrimento, da morte e da degeneração física e psíquica. Segundo Adorno, a obra de Beckett:

> é urdida em torno da questão: "o que é o nada?" Da questão, quase poder-se-ia dizer, da topografia do vazio (*Topographie des Nichts*). Sua obra é a tentativa de pensar o nada, o qual, ao mesmo tempo, não é *apenas* nada, e de fazê-lo *por meio da* completa negatividade. (ADORNO, 1998, p. 211s)

Em Beckett, Adorno apreende a mais conseqüente expressão da arte contemporânea a respeito do não-sentido no sentido, que a experiência do sofrimento evoca ao pensamento. Minha hipótese interpretativa a respeito do comentário adorniano de Beckett é a de que, ao mostrar como Beckett manifesta a impossibilidade contemporânea da expressão artística trágica, Adorno dá a pensar a emergência de um *trágico contemporâneo*, o único capaz de expressar o solapamento da representação da tragicidade (e da sobre-tragicização). Essa abordagem interpretativa, de resto, é consoante com a própria divisa de Beckett, em *Três diálogos com Duthuit* (1949), segundo a qual a obra deve buscar "a expressão de que não há nada a expressar, nada com que expressar, nada a partir do que expressar, nenhuma possibilidade de expressar, nenhum desejo de expressar, aliado à obrigação de expressar" (BECKETT, 2002, p. 10s). Cito mais extensamente Adorno, sobre o caráter da obra de Beckett:

> Em especial diante das peças de Beckett, a categoria do trágico cede lugar à risada, pois suas peças cortam todo humor que aceite o *status quo*. Elas manifestam um estado de consciência que não mais admite a alternativa entre sério e alegre e nem tampouco a mista tragicomédia. O *trágico dissolve-se porque são evidentemente inconseqüentes as demandas de uma subjetividade que deveria ser trágica*. No lugar da risada instala-se o choro sem lágrimas, o choro seco. O lamento se tornou a tristeza dos olhos ocos e vazios. Resgatado é o humor nas peças de Beckett porque infectam com risadas sobre o risível do rir e sobre o desespero. Esse processo se identifica à redução artística, uma trilha que leva de uma sobrevivência mínima a um mínimo de sobrevivência, que ainda resta. *Esse mínimo atenua, talvez para sobreviver-lhe, a catástrofe histórica*. (ADORNO, 2001, p. 17. Grifos meus)

Em outros termos, poder-se-ia dizer que, em Beckett, o trágico, ao dissolver-se, sobrevive a si mesmo. Trata-se, em suas peças, de buscar a expressão do não-sentido infiltrado no sentido, numa exploração dramática em que a determinação específica do histórico não é evocada diretamente, mas é posta na esfera da autonomia estética, de modo que as tendências socialmente dominantes, sem que tenham sido nomeadas, são expressas e negadas. Há um formidável trabalho de expressão do histórico em Beckett que é da ordem da *negação determinada*, a qual se transforma em princípio formal: a dialética entre *mímesis* da decomposição histórica do sujeito e *construção* formal da decomposição do sentido da práxis é o seu maior êxito.

Retomemos os passos do parágrafo de Adorno citado há pouco, agora com vistas a uma leitura de *Fim de partida* (1956), peça de Beckett a qual Adorno consagrou um extenso comentário. Em suma, segundo Adorno, haveria a seguinte lógica implícita no drama beckettiano: 1) o trágico cede lugar ao riso, porque não há mais unidade subjetiva; 2) o riso cede lugar a um choro sem lágrimas, porque o riso se tornou escárnio à decomposição da subjetividade; 3) a configuração de um mínimo de subjetividade, no próprio ato de expressar a impossibilidade de representação da catástrofe histórica, cria um espaço de resistência ao fim socialmente programado do sujeito.

Consideremos *Fim de partida*. Essa peça é o ápice do processo beckettiano de depuração dos elementos do drama – enredo, caracteres, ação, reconhecimento, desenlace, unidade temporal –, que são reduzidos a um mínimo, quase destruídos. Adorno recusa-se a fazer uma leitura alegórica da peça, pensá-la como ilustração de uma suposta condição humana atemporal, lançada diante do absurdo, em angústia categorial diante da morte. Trata-se, diversamente, de tentar penetrar ao máximo em sua literalidade, sua densidade material e estrutural, para, numa espécie de operação de rescaldo, retirar o seu *conteúdo de verdade não-intencional*.

Nessa perspectiva, gostaria de comentar brevemente um trecho de *Fim de partida*. Transcrevo-o a seguir:

HAMM
(*sobressaltado*) Cinza? Você disse cinza?

CLOV
Preto claro. O universo todo.

HAMM
Que exagero! (*Pausa*) Não fique aí parado, você me dá arrepios.
Clov volta ao seu lugar ao lado da cadeira.

CLOV
Por que esta comédia, todos os dias?

HAMM
Rotina. Nunca se sabe. (*Pausa*) Esta noite eu vi dentro do meu peito. Tinha uma ferida imensa.

CLOV
Bah! O que você viu foi o seu coração.

HAMM
Não, estava vivo. (*Pausa. Angustiado*) Clov!

CLOV
Fale.

HAMM
O que está acontecendo?

CLOV
Alguma coisa segue seu curso.
Pausa.

HAMM
Clov!

CLOV
(*irritado*) Que é

HAMM
Não estamos começando a... a... significar alguma coisa?

CLOV
Significar. Nós, significar! (*Riso breve*) Ah, essa é boa!
HAMM
Fico cismando. (*Pausa*) Será que um ser racional voltando à terra não acabaria tirando conclusões, só de nos observar? (*Assume a voz de uma inteligência superior*) Ah bom, agora entendo, agora sei o que eles estão fazendo! (*Clov sobressalta-se, larga a luneta e começa a coçar a virilha com as duas mãos. Voz normal*) Mesmo sem ir tão longe... (*emocionado*) ...nós mesmos... às vezes... (*com veemência*) Pensar que isso tudo poderá talvez não ter sido em vão!
CLOV
(*angustiado, se coçando*) Acho que é uma pulga! (BECKETT, 2002, p. 80-82)

Meu comentário desse trecho será focalizado nos temas da materialidade, do sentido e da repetição. Hamm e Clov, encerrados num paupérrimo abrigo, numa época e lugar não-nomeados, mas que aludem vagamente a um estado de coisas de destruição quase total da natureza no planeta, passam os dias a repetir as mesmas cenas domésticas, nas quais o tédio, a dor real, a auto-ironia, a esperança e o desespero se mesclam e se nutrem reciprocamente. Na cena que acabo de citar, a Hamm que representa, quem sabe se parodisticamente ou "autenticamente", em registro elevado, seu medo e sua infelicidade diante da proximidade do fim, responde Clov, em registro "baixo", com o descaso quanto à pergunta pelo significado, e a coceira nas partes baixas de sua anatomia. Enquanto as intervenções de Hamm são marcadas pelas pausas, que indicam silêncio introspectivo e hesitação de sentido, as de Clov são marcadas pelo riso e pela gesticulação frenética, que busca reencontrar um estado de identidade corporal. A materialidade é expressa na marcação formal, de silêncios e gestos, que Beckett introduz para representar seus personagens. Ao paralítico e quase cego Hamm, que pergunta a Clov pelo aspecto da natureza exterior, já que não pode dirigir-se até a janela, o agitado Clov fornece um contraponto materialmente representável: ele não pode sentar-se, sua fala carece de mediações, sua preocupação é com a absoluta imediatidade das funções corporais; se ele pode ir até a janela, isso não faz a menor diferença: não há grande coisa para ver. A repetição gestual é outro recurso formal usado por Beckett para mostrar a indiferença de sentido nas ações: Clov arrasta interminavelmente a escada entre as duas únicas janelas da casa, subindo e descendo por elas, simplesmente para constatar a permanência da catástrofe. Nada disso parece mesmo "consolar". Mas, por que deveria?

Hamm alude a uma ferida imensa dentro de seu peito, num gesto lingüístico que lembra a poesia expressionista de Georg Trakl, e formula a pretensão de que o seu sofrimento seja significativo. Clov desconstrói imediatamente essa pretensão: é só o seu coração, a instância material, que o perturba. Numa outra reversão de sentido, Hamm repele a materialidade insinuada por Clov: não é o coração de carne que eu vi como ferida, porque este eu vi e estava vivo, o que eu vi como ferida só pode ser algo quase morto, que não sei o que é. Na fala de Hamm, a desordem de sentido representada pela "ferida imensa", expressão que remete à lesão da carne, insinua-se no discurso como algo inominável, entre o material e o lingüístico, e que impele à necessidade de encontrar algum sentido no sofrimento. Esse sentido é remetido, com hesitação, a uma "inteligência superior", que poderia tirar conclusões racionais sobre os homens. Mas essa possibilidade talvez não seja a melhor, pode-se, sem "ir tão longe", encontrar sentido no sofrer num nível mais "baixo", em nós mesmos, talvez na coceira de Clov, que se sobrepõe ao discurso de Hamm, e que permite "pensar que isso tudo poderá não ter sido em vão". Aquilo a que Clov alude, a sobrevivência como comédia ruim, Beckett registra como repetição infernal da busca pelo sentido. Não se trata, porém, de uma metafísica do absurdo. Hamm sofre pela dificuldade do sentido, contudo não tem o perfil heróico do homem absurdo, delineado por Albert Camus. Precisamente, a repetição da ausência de sentido, a intromissão constante de uma materialidade insuportável no tecido das representações da consciência, que luta contra a desagregação, tudo isso, na construção teatral de Beckett, expressa a negatividade do sofrimento como limite irredutível da vida, mas também como o inominável que faz apelo a um laço com o outro, e a uma afirmação do viver, mesmo na maior impotência, uma vez que, nas palavras de Hamm, "o fim está no começo e no entanto continua-se" (BECKETT, 2002, p. 128).

Podemos chamar a esse tipo de representação artística radical do sofrimento de "trágico contemporâneo", como fiz anteriormente? Segundo Adorno, que pensa em razões objetivas e intra-estéticas para a liquidação do trágico, "o trágico decai porque levanta uma demanda pelo significado positivo da negatividade, o significado que a filosofia chama de negação positiva. Essa demanda não pode ser satisfeita" (ADORNO, 2001, p. 18). Gostaria, no entanto, de manter a minha aposta em um trágico contemporâneo, que Beckett teria ajudado a definir. Em apoio a essa idéia, parto do próprio Adorno, que, na *Teoria estética*, afirma:

Recordemos a categoria do trágico. Ela parece ser a impressão estética do mal e da morte e tão vívida como eles. Apesar de tudo, deixou de ser possível. Onde outrora o pedantismo dos estetas se apressava a distinguir entre o trágico e o triste surge a condenação do trágico: a afirmação da morte; a idéia, no declínio do finito, iluminava o infinito, o sentido do sofrimento. *Hoje em dia, as obras de arte negativas parodiam sem reserva o trágico.* Mais do que trágica, toda arte é triste, sobretudo aquela que parece serena e harmoniosa. (ADORNO, 1993, p. 41. Grifo meu)

Em outros termos, a obra de arte contemporânea rompe com a exigência de sentido positivo, talvez menos presente nas obras mesmas do que em certa leitura filosófica do trágico. Diversamente, ela retoma o trágico naquilo que ele tem de desagregador, negativo e irredutível à identidade. Instabilidade e multiplicidade do sentido, materialidade inscrita na racionalidade, impotência e ambigüidade da ação. Tudo isso é assumido sem o *pathos* do desespero e do absurdo, sem uma metafísica do ser-para-a-morte. Ao invés, é preciso pensar, a partir de Beckett, em um trágico que se afirma como paródia – isto é, como repetição que desarma por dentro – o discurso da afirmação incondicional do sentido do sofrer.

O TRÁGICO REENCONTRADO

Diante do que foi aqui desenvolvido, pode parecer difícil associar o trágico à felicidade. Toda grande arte não é triste, como diz Adorno? Por outro lado, devemos reconhecer que há um verdadeiro fetiche cultural, hoje, em torno da palavra "felicidade", e não passa uma semana sequer sem que apareça um novo manual prometendo ensinar a felicidade. Tudo se passa como se a felicidade fosse um atestado de êxito social, um estado de prazer a ser alcançado somente por aqueles que descobriram os segredos da eficácia na "gestão" das esferas da vida. Gostaria de aludir a outra idéia de felicidade, que tem a ver com a expressão trágica da grande arte. Cito Imre Kertész, escritor húngaro, sobrevivente de Auschwitz:

> *A idéia de felicidade tem parentesco com a criação*, não é apenas estado estático de repouso, a paz do ruminante. Por outro lado, o anseio de felicidade impõe ao homem a mais severa luta interior: a necessidade de aceitação de si próprio segundo exigências terríveis, para que a divindade que vive em todos eleve à sua altura o ser falível... O homem não nasce para desaparecer na história como peça descartável, mas para compreender o seu destino, para *confrontar-se com sua mortalidade* e – ouvirão agora uma expressão bem antiquada – para

salvar a sua alma. A felicidade no sentido mais elevado esconde-se fora da realidade da história – não na evitação das experiências da história, mas, ao contrário, na vivência delas, na sua apropriação e na identificação trágica que demandam... Somente à luz dessa sabedoria vivida nos cabe formular a pergunta: pode tudo aquilo que realizamos e sofremos gerar um valor? Para ser mais preciso: atribuímos algum valor à nossa própria vida ou a esquecemos, como os que padecem de amnésia, quem sabe a desprezamos, como os suicidas? Pois o mesmo espírito radical que eterniza no saber do homem o escândalo, a desgraça e a vergonha, é simultaneamente um espírito libertador que não se dispõe à denúncia da podridão niilista para ceder terreno a essas forças, mas, ao contrário, porque tem consciência de que *com isso fortalece suas próprias energias vitais.* (2004, p. 41s. Grifos meus)

Kertész não esconde o caráter existencial e espiritualista de sua concepção de felicidade e de criação artística, que ele remete explicitamente à Kierkegaard e a Camus. Não obstante minha própria perspectiva da questão se afastar desses marcos teóricos, penso que Kertész toca em três aspectos cruciais do trágico contemporâneo, e da felicidade que pode associar-se a ele. Em primeiro lugar, a idéia que a felicidade é um certo trabalho de expressão, de articulação simbólica do vivido. Ao lado dessa noção, a idéia de que é necessário, para que essa expressão seja realizada, um confronto com a mortalidade e com a dimensão histórica do sofrimento. Enfim, a idéia que a experiência da vergonha – e a vergonha é a experiência do sobrevivente, daquele que, ou foi submetido à tortura, ou viu outros serem torturados – se apropriada e compartilhada esteticamente pode dar lugar a uma vivificação, a uma expansão das forças de vida no sujeito.

Enfim, trata-se de uma felicidade não muito afim aos livros de auto-ajuda, mas que talvez seja a única que seja possível no estádio atual de, como dizia Marcuse, "culpa acumulada da humanidade", diante de tanto sofrimento humano auto-infligido. Isso porque a felicidade trágica tem a ver com uma espécie de dialética entre luto e comunhão, de silêncio e gesto, de tristeza e alegria. Em outras palavras, a felicidade exige respeito, proximidade e distância do outro, do seu sofrimento. Todo conhecimento e toda felicidade reais são trágicos, porque aceitam o limite entre sujeito e objeto, universalidade e particularidade, razão e natureza. Como diz Adorno sobre a arte: "O fato de, por sua própria existência, desviar-se do caminho da dominação a coloca como parceira de *uma promessa de felicidade,* que ela, de certa maneira, *expressa em meio ao desespero.* Mesmo nas peças de Beckett, a cortina se levanta como num cenário de Natal" (ADORNO, 2001, p. 12. Grifos meus).

Referências

ADORNO, Theodor W. Negative Dialektik. In: *Gesammelte Schriften*, Volume 6. Editado por Rolf Tiedemann. Frankfurt am Main: Suhrkamp, 1977.

ADORNO, Theodor W. *Teoria estética*. Tradução de Artur Morão. Lisboa: Edições 70, 1993.

ADORNO, Theodor W. Metaphysik. Begriff und Probleme. Editado por Rolf Tiedemann. In: *Nachgelassene Schriften*. Parte IV: Conferências. Volume 14. Frankfurt am Main: Suhrkamp, 1998.

ADORNO, Theodor W. A arte é alegre? In: RAMOS-DE-OLIVEIRA, Newton; ZUIN, Antônio Álvaro Soares; PUCCI, Bruno (Orgs.). *Teoria crítica, estética e educação*. Campinas/Piracicaba: Autores Associados/Editora UNIMEP, 2001.

ADORNO, Theodor W.; HORKHEIMER, Max. *Dialética do Esclarecimento:* fragmentos filosóficos. Rio de Janeiro: Jorge Zahar, 1985.

ARENDT, Hannah. *Eichmann em Jerusalém:* um relato sobre a banalidade do mal. São Paulo: Companhia das Letras, 2000.

ARENDT, Hannah. Pensamento e considerações morais. In: *A dignidade da política*. Rio de Janeiro: Relume-Dumará, 2002.

BECKETT, Samuel. *Fim de partida*. São Paulo: Cosac & Naify, 2002.

BUCCI, Eugênio. Na TV, os cânones do jornalismo são anacrônicos. In: BUCCI, Eugênio; KEHL, Maria Rita. *Videologias:* ensaios sobre televisão. São Paulo: Boitempo, 2004.

DUARTE, Rodrigo. O esquematismo kantiano e a crítica à indústria cultural. *Studia Kantiana*, São Paulo, v. 4, n. 1, p. 85-103, nov. 2002.

KERTÉSZ, Imre. *A língua exilada*. São Paulo: Companhia das Letras, 2004.

LÉVINAS, Emmanuel. O sofrimento inútil. In: *Entre nós*: ensaios sobre a alteridade. Petrópolis: Vozes, 1997.

SABATO, Ernesto. *Antes do fim*. São Paulo: Companhia das Letras, 2001. p. 112s.

WAS IST ZYNISMUS?

Vladimir Safatle

*Não é quando é perigoso dizer a verdade
que ela raramente encontra defensores,
mas sim quando é enfadonho.*

Nietzsche

SOBRE A NOÇÃO DE RAZÃO CÍNICA

Uma discussão sobre as configurações contemporâneas do cinismo não tem como deixar de levar em consideração certos modos de encaminhamento que nortearam o projeto deste livro que, para o bem ou para o mal, funcionou como catalizador do debate: *Crítica da razão cínica,* de Peter Sloterdijk. Nele, o autor parte da famosa frase usada por Marx a fim de traçar os contornos do desconhecimento ideológico: "Eles não sabem, mas o fazem". Uma certa leitura da afirmação nos levaria à idéia de que se trataria do desconhecimento da consciência em relação a estrutura social de significação que determina o significado objetivo da ação. Ela não sabe o que realmente faz; isso devido a sua posição de suporte (*Träger*) de determinações estruturais de reprodução da vida material que a ultrapassam. Conhecemos todos esta temática da alienação da falsa consciência no domínio das relações reificadas e de uma aparência socialmente necessária. Alienação que indicaria, entre outros, a incapacidade de compreensão da totalidade das estruturas causais historicamente determinadas que suportam a reprodução das relações sociais em todas as suas esferas de valores.

No interior desta leitura, o papel da crítica seria o de abrir espaço para a apropriação auto-reflexiva dos pressupostos determinantes da ação. Apropriação que, por sua vez, pressuporia a possibilidade, mesmo que utópica, de processos de interpretação capazes de instaurar um regime de relações não-reificadas que garantam a *transparência da totalidade dos mecanismos de produção de sentido*. A crítica vira "descrição das estruturas que, em última instância, definem o campo de toda significação possível" (PRADO JR., 2000, p. 210). Uma das figuras dessa crítica poderia ser, por exemplo, uma certa *Erinnerung* capaz de *desvelar* a história do desenvolvimento do processo real de produção que deveria ser interiorizada pela consciência de classe. Pensemos, por exemplo, em Lukács quando este afirma que: "A existência da burguesia pressupõe sua incapacidade em chegar à compreensão clara de seus próprios pressupostos sociais". Ou seja, a auto-crítica da burguesia seria *Erinnerung*, rememoração e interiorização de seus pressupostos; o que permitiria o estabelecimento das condições para o ultrapassamento das ilusões burguesas e a re-orientação da ação a partir de um processo de *historicização* reflexiva. Esta crítica que opera através dos motivos do desvelamento daquilo que estaria bloqueado à rememoração e à historicização reflexiva tem necessariamente algo de irônico no sentido forte do termo, sentido vinculado às formas de estetização de experiências sociais de inadequação entre aspirações normativas e realidade efetiva. Pois se trata de levar a consciência histórica a sua autoposição mediante a realização da inadequação entre o processo de formação de seu sistema de justificações e a sua capacidade performativa "objetivamente necessária".

Levando tal esquema em conta, Sloterdijk pode afirmar ser o cinismo algo como uma *ideologia reflexiva* ou ainda uma *falsa consciência esclarecida*. Posições resultantes de um tempo que conhece muito bem os pressupostos ideológicos da ação, mas não encontra muita razão para reorientar, a partir daí, a conduta. A noção de *ideologia reflexiva,* ou seja, de ideologia que absorve o processo de apropriação reflexiva de seus próprios pressupostos é astuta por descrever a possibilidade de uma posição ideológica que porta em si mesma sua própria negação ou, de certa forma, sua própria crítica. Já o termo aparentemente contraditório *falsa consciência esclarecida* nos remete à figura de uma consciência que desvelou reflexivamente os móbiles que determinam sua ação "alienada", mas mesmo assim é capaz de justificar racionalmente a necessidade de tal ação. A crítica assim, por não poder fazer apelo à dimensão de uma verdade recalcada pela construção ideológica (já que tudo é posto pela consciência), perde sua eficácia para modificar predisposições de conduta. Daí a noção de que o cinismo: "É a consciência infeliz modernizada sobre a qual a *Aufklärung* agiu ao mesmo tempo com sucesso e em pura perda" (SLOTERDIJK, 1987, p. 28). É nesse sentido que Sloterdijk pode dizer que, no cinismo: "Eles sabem o que fazem, e continuam a fazê-lo".

O cinismo aparece assim como elemento maior do diagnóstico de uma época na qual o poder não teme a crítica que desvela o mecanismo ideológico. Até porque, como veremos, neste ínterim o poder aprendeu a rir de si mesmo, o que o permitiu: "Revelar o segredo de seu funcionamento e continuar a funcionar como tal" (ZIZEK, 2003, p. 100). Essas colocações demonstram como a problemática referente ao cinismo nos leva ao cerne de uma reflexão sobre os modos de funcionamento da ideologia em sociedades ditas "pós-ideológicas", ou seja, sociedades que aparentemente não fariam mais apelos à reificação de metanarrativas teleológicas enquanto fundamento para processos de legitimação e validade de estruturas da ação racional.

No entanto, vale a pena insistir aqui em um ponto importante. A dinâmica aparentemente contraditória de uma ação produzida por uma falsa consciência esclarecida não pode ser simplesmente compreendida como a suspensão de exigências gerais de legitimidade e validade, ou como mera deposição resignada de expectativas emancipatórias da razão. Ela não pode ser simplesmente a figura desesperada e "irracional" da conduta em uma era de crise de legitimação. Não devemos esquecer que a obediência a injunções do poder nunca é o mero resultado da aplicação de esquemas de coerção e violência, a não ser que a força seja interpretada em um contexto na qual ela já apareça imediatamente como promessa de eficiência e performatividade (atual ou potencial). Não há poder que possa economizar elaborações sobre sua racionalidade. A verdadeira questão consiste em compreender como essa justificação racional se dá, quais seus verdadeiros móbiles.

Dessa forma, faz-se necessário insistir que a obsolescência do mascaramento ideológico (diagnóstico que deve ser encontrado primeiramente na crítica da ideologia adorniana [ADORNO, 1999]) é um fenômeno mais complexo do que a simples aceitação tácita de que a força prescinde de toda necessidade real de justificação. O recurso constante a critérios normativos e a valores partilhados em situações contemporâneas de afirmação da força, mesmo que feitos de maneira meramente retórica, demonstra como as aspirações de legalidade continuam sendo peças fundamentais da lógica interna do poder. A obsolescência do mascaramento ideológico apenas indica que, de certa forma, talvez da única forma "realmente" possível, *as promessas de racionalização e de modernização da realidade social já foram realizadas pela dinâmica do capitalismo.* Elas foram realizadas de maneira cínica; o que significa que, de uma forma ou de outra, elas foram realizadas.

Nesse sentido, não devemos perder de vista que o estudo do que poderíamos chamar de razão cínica é um setor privilegiado dos modos de articulação das expectativas emancipatórias da razão a uma teoria do poder. Pois o cinismo é fundamentalmente um regime peculiar de funcionamento do poder e da ação social que procura dar conta de exigências partilhadas de legitimidade intersubjetivamente fundamentadas. Um regime que, na aurora do capitalismo, podia ainda aparecer como modo restrito de relação às expectativas normativas da razão apenas em classes "ociosas" e "desterritorializadas" (ARANTES, 1996). Mas esse mesmo regime foi capaz de, no capitalismo tardio, transformar-se, de maneira cada vez mais visível, em modo hegemônico de relação à norma. Há uma história do cinismo marcada pela passagem de uma economia restrita a uma economia generalizada. Essa história ainda precisa ser contada.

De qualquer forma, quando falamos que o cinismo é um regime peculiar de relação à norma, devemos lembrar do sentido maior do que está em jogo na noção de "relação". Foucault, ao insistir na existência de uma problemática vinculada aos modos de subjetivação, problemática necessariamente presente em todas as análise dos modos de sujeição a normas, códigos, leis e valores, abriu um campo profícuo de reflexão. Lembremos, por exemplo, de sua insistência no fato de que:

> dado um código de ações e para um tipo determinado de ações (que podemos definir através de seus graus de conformidade e divergência em relação a este código) há diferentes maneiras de "conduzir-se" moralmente, diferentes maneiras para o indivíduo agente operar não apenas como agente, mas como sujeito moral desta ação. (FOUCAULT, 2000, p. 37)

De fato, toda ação (e não apenas as ações que visam ser validadas no campo moral) comporta uma relação significante aos critérios normativos aos quais ela se refere, mas há várias formas de se posicionar em relação a uma regra que seguimos. Em alguns casos, alguns desses posicionamentos podem ser contrários entre si sem que isso implique contradição em relação aos critérios tacitamente aceitos. Ou seja, a dimensão procedurial da Lei não condiz com uma visão unívoca de sua dimensão semântica. Até porque não podemos retirar a ambigüidade da dimensão semântica (principalmente em seu nível referencial) apenas através de procedimentos hermenêuticos. Como veremos, esse é um fenômeno absolutamente relevante para nossa discussão a respeito do cinismo.

UM PROBLEMA DE SINCERIDADE?

Levando em conta tais discussões a respeito do desconhecimento ideológico na dimensão do saber e dos problemas de consistência em relação à regulação entre ação e critérios normativos, é possível apresentar uma primeira definição operacional do cinismo; definição que vai guiar nossos primeiros passos. Pois a ausência de desconhecimento implica, entre outros, a crença na possibilidade de certo "dizer sobre a verdade", certa enunciação de valores e critérios que não exige reorientação posterior do sistema de condutas. Dessa forma, o cinismo pode ser visto como certa *enunciação da verdade;* mas uma enunciação que anula a força perlocucionária que poderíamos esperar desse ato de fala. Na verdade, o desafio do cinismo consistiria em compreender atos de linguagem nos quais *a enunciação da verdade anula a força perlocucionária da própria enunciação*. Este é um ponto importante: o cinismo, assim como a ironia, está sempre vinculado a certa dimensão da enunciação da verdade ou, ainda, de valores e critérios que aspiram validade universal.

Nós nos sentimos normalmente reconfortados com a promessa de que a verdade nos libertará, ou seja, de que a luz advinda com a enunciação da verdade será capaz de portar um acontecimento que reconfigura o campo da efetividade. No entanto, o cinismo nos coloca diante do estranho fenômeno da *usura da verdade*;[1] de uma verdade que não só é desprovida de força performativa, mas que também bloqueia temporariamente toda nova força performativa. Em uma formulação feliz, Sloterdijk nos lembra que: "Há uma nudez que não desmascara mais e que não faz aparecer nenhum 'fato bruto' sobre o terreno no qual poderíamos nos sustentar com um realismo sereno" (SLOTERDIJK, 1987, p. 30). Ela é importante por nos lembrar que não há, no cinismo, operação alguma de mascaramento das intenções no nível da enunciação. Não se trata de um caso de insinceridade ou de hipocrisia. Ao contrário, mesmo que haja clivagens entre a literalidade do enunciado e a posição da enunciação, essa clivagem é, tal como na ironia, claramente *posta* diante do Outro. Assim como na ironia, no cinismo, o Outro percebe que o sujeito não está lá onde seu dito aponta.

Mas poderíamos afirmar que, se o cinismo é o que assim aparece, então não se trata de um problema tão relevante. Pois a figura de uma enunciação da verdade que anula a força perlocucionária da própria enunciação é uma velha conhecida que tem a idade dos cretenses mentirosos. Pensemos, por exemplo, em uma antiga piada judia contada

---

[1] Tomo emprestada esta expressão de Bruno Hass.

por Freud: "Em uma estação ferroviária da Galícia, dois judeus encontram-se em um trem. 'Onde você vai?', pergunta um. 'A Cracóvia', responde o outro. 'Vejam só que mentiroso', levanta-se o primeiro. 'Se você diz que vai a Cracóvia, é porque você quer me fazer acreditar que vais a Lemberg. Só que sei bem que você vai realmente a Cracóvia. Então, por que você mente?" (FREUD, 1998, p. 127). Estamos aí diante de um caso claro de enunciação da verdade que produz um *efeito de mentira* invertendo, com isso, o próprio valor da verdade e retirando, assim, sua força perlocucionária. Ele inverte o valor da verdade *ao sustentá-la*.

No entanto, todo o problema vem do fato do segundo judeu, este que diz ir a Cracóvia, não ser um enunciador legítimo. Se quisermos utilizar um conceito aristotélico maior para a retórica, diremos que seu *ethos* não é adequado à enunciação da verdade, já que ele é reconhecidamente um mentiroso. É por saber-se reconhecido como um mentiroso que o segundo judeu pode ser cínico e inverter o valor da enunciação da verdade. Ele sabe que o outro levará em conta a distinção entre o que é dito é a maneira disjuntiva com que o enunciador vincula-se ao dizer. Assim, ele pode mentir ao dizer a verdade, como poderia também dizer a verdade ao mentir. Neste sentido, casos como esse nos lembram que a verdade não é simplesmente um problema de descrição adequada de estados de coisas, mas que é também um problema de respeito a critérios normativos de enunciação (critérios que incluem, entre outros, a adequação do ethos). Como o próprio Freud nos lembra, a respeito da sua piada: "Trata-se de verdade quando se descreve coisas tais como elas são sem preocupar-se de saber como o auditor compreenderá o que é dito?" (FREUD, 1998, p. 128). A resposta é trivialmente negativa, já que a enunciação da verdade não é simplesmente um problema de adequação semântica ou de correção sintática, mas é fundamentalmente um problema de consistência de contextos de enunciação.

Por outro lado, poderíamos ainda tentar ler esse exemplo freudiano como um caso clássico de transgressão de um critério fundamental de enunciação levantado há muito por John Austin, ou seja: "É apropriado que a pessoa que profere a promessa [ou a justificação] tenha uma determinada intenção, a saber, a intenção de cumprir com a palavra" (AUSTIN, 1983, p. 38). Como se estivéssemos aqui diante de uma forma mais astuta de insinceridade

No entanto, vale a pena notar que essa noção de insinceridade como estado intencional prévio ao ato traz alguns problemas. Pois ela só é acessível através do estabelecimento de contradições performativas, ou seja, ela só aparece como *efeito* de um ato de fala. Como o próprio

Habermas nos lembra: "Que alguém pense sinceramente o que diz é algo a que só se pode dar credibilidade pela conseqüência de suas ações, não pela indicação de razões" (HABERMAS, 1989, p. 79), ou pela certeza de intenções, diremos nós. Isso nos leva a colocar a questão de saber se não deveríamos simplesmente abandonar o vínculo entre estado intencional e sinceridade em prol de uma noção de sinceridade como *efeito de discurso*. Pois o recurso à sinceridade parte do pressuposto de uma identidade imediatamente acessível entre a intencionalidade e a forma geral do ato, como se, em última instância, a consciência pudesse ter a *convicção* de possuir a representação da efetividade adequada à intenção de sinceridade.

Na verdade, a noção de sinceridade como condição fundamental de produção do sentido está necessariamente vinculada àquilo que os teóricos dos atos de fala chamam de "princípio de expressibilidade",[2] com sua definição de que sempre haverá um conjunto de proposições intersubjetivamente partilhadas capaz de ser a exata formulação de um determinado estado intencional. Essa sólida identidade é resultado de certa pressuposição. No momento em que se engaja em um ato de fala intencionalmente orientado, o sujeito sempre pode, de direito mas nem sempre de fato, partir da pressuposição prévia de saber o que quer dizer e como deve agir socialmente para fazer o que quer dizer. Em situações de performatividade, o sujeito teria assim uma representação prévia e fundamentada não apenas do conteúdo intencional de seu ato de fala, mas também das condições de satisfação de tal conteúdo. Este último ponto é o mais complexo. Por ser a fala, antes de mais nada, um *modo de comportamento* governado por regras e pelo meu conhecimento sobre falar uma língua envolver, necessariamente, o domínio de um sistema de regras de ação social, seguiria daí que o sujeito que fala teria sempre, de direito e previamente, a possibilidade de saber como tal sistema de regras determina a produção do sentido da ação em geral e dos atos de fala em particular.

No entanto, podemos lembrar que isso já demonstra como o estado intencional de sinceridade é indissociável da repetição um sistema de disposição de conduta. Partindo desse reconhecimento, podemos dar um passo a mais e ver, naquilo que chamamos de "sinceridade", simplesmente o modo de repetição de tal sistema socialmente codificado.

---

[2] Por "princípio de expressibilidade" entende-se que: "para qualquer sentido X e qualquer falante S, não importa o que S queira dizer (intenções a expor, desejos a comunicação em um sentença, etc.) com X, é possível haver alguma expressão E de maneira que E seja a exata expressão ou formulação de X. Simbolicamente: (S) (X) (S significa X →P (∃ E) (E é a expressão exata de X))" (SEARLE, *Speech acts*, Cambridge University Press, 1969, p. 20).

Sistema naturalizado na forma de "background", o que levaria para outro campo o sentido de proposições que vêem o *background* como:

> um alicerce de capacidades mentais que, em si mesma, não constituem estados intencionais (representações), mas, não obstante, formam as precondições para o funcionamento das estados intencionais. O Background é "pré-intencional" no sentido de que, embora não seja uma forma ou formas de Intencionalidade, é, não obstante, uma precondição ou um conjunto de precondições de Intencionalidade. (SEARLE, 2002, p. 198)

É verdade que, contra a tentativa de restringir a sinceridade à repetição de sistemas socialmente codificados de significação de disposições de conduta, teríamos defesas astutas de um conceito intencional de sinceridade como a apresentada por Austin. Segundo ele, sem o recurso aos estados intencionais para a definição da significação do ato, nunca poderíamos estabelecer com segurança uma diferença entre "estar em um certo estado" e "fingir estar em um certo estado". Por exemplo, dois ladrões são surpreendidos tentando serrar uma grade e, para disfarçar, fingem estar serrando uma árvore. Mas, para que a simulação fique mais convincente, eles começam realmente a serrar uma árvore. Por que podemos dizer que, mesmo serrando a árvore, eles estão fingindo serrar uma árvore? De certa forma, porque a sinceridade é uma questão de estado intencional. Daí porque Austin pode dizer que: "A essência do fingimento é que meu comportamento público tenciona esconder (*disguise*) alguma realidade, geralmente algum comportamento real" (AUSTIN, 1961, p. 210-211). Ou seja, reencontramos aqui novamente um conceito intencional de sinceridade.

Mas podemos também insistir em outro ponto: só sei que estou diante de um caso de insinceridade porque posso estabelecer contradições entre um comportamento público e algo que Austin chama de "comportamento real" e que nada mais é do que uma forma de comportamento socialmente pressuposta como índice de um estado intencional determinado. Ou seja, dessa contradição entre conseqüências do ato e expectativas socialmente naturalizadas nasce o julgamento sobre a sinceridade. Não há aqui nenhum recurso a algo para além de expectativas de comportamento socialmente naturalizadas.

Por exemplo, se estivéssemos diante de ladrões que passam anos serrando as árvores em volta da casa sem nunca tentar novamente serrar a grade, poderíamos começar a perguntar se estamos realmente diante de um caso de fingimento, já que nossas expectativas sociais não aceitam como plausível que alguém passe anos fingindo para roubar uma simples casa. Na verdade, poderíamos perguntar se os ladrões austinianos realmente "sabem o que fazem", até porque o fingimento poderia ser apenas uma crença que funcionaria para encobrir, para o próprio sujeito, outro "estado intencional" (algo como: "Creio que estou fingindo a espera do melhor momento para o roubo, mas estou na verdade usando o fingimento para adiar indefinidamente uma ação que não quero fazer"). Até porque, há situações em que aquilo que me aparece como estado intencional é tão opaco para mim quanto aquilo que me aparece como estado intencional de um outro.

Isso poderia nos levar a afirmar que a intenção de sinceridade no sentido psicológico do termo só pode ser significada se obedecer a condições externas de adequação. Trata-se de uma questão de comportar-se de certa maneira, já que o próprio estado intencional seria fundamentalmente uma disposição de comportamento. Desta forma, para fazer a partilha entre sinceridade e fingimento, deveríamos poder apelar a um *experimentum crucis* (RYLE, 2000, p. 166), ou seja, a uma ação não-problemática no que diz respeito ao estabelecimento de seu sentido. Mas não é certo que ações dessa natureza existam em situações de julgamento de modos de aplicação de valores complexos, como veremos em seguida.

MODELOS

Aqui devemos lembrar que, mesmo que alguns casos de cinismo sejam similares ao problema descrito através do exemplo freudiano, há uma classe de situações realmente determinantes que não cai como exemplo de desrespeito a critérios normativos de enunciação. E são tais exemplos que realmente nos interessam. Para que o cinismo seja um problema realmente relevante (e não apenas um problema vinculado à análise do comportamento social dos sujeitos em certas realidades em crise de legitimação), devemos mostrar a recorrência de casos de enunciação da verdade que anulam a força perlocucionária da própria enunciação *sem contudo transgredir os critérios normativos de enunciação e justificação*.

Nesse sentido, ao invés de tentar afastar o cinismo por meio de alguma forma de apelo à dimensão da intencionalidade, devemos compreender o cinismo *como um problema de indexação*. Trata-se fundamentalmente de mostrar como valores e critérios normativos que aspiram validade universal podem indexar situações e casos concretos que pareceriam não se submeter a tais valores e critérios. Trata-se, pois, de problematizar os sistemas pressupostos de aplicação entre Lei normativa, valores e casos, de mostrar que a indexação entre a significação da Lei e a designação do caso não passa pelo esclarecimento semântico da Lei. Como se pudéssemos produzir uma espécie de "torção da Lei aprofundamento de suas conseqüências" (DELEUZE, 1969, p. 77). Por isso, perderemos o foco da questão trazida pelo cinismo se insistirmos em compreendê-lo como um simples caso de contradição performativa. Ao contrário, o cinismo nasce da tentativa de mostrar que condições transcendentais-normativas de julgamento podem ser seguidas, mas suas designações "normais" podem ser invertidas sem contradição entre ato e julgamento.

Podemos fornecer um modelo para essa maneira de encaminhar o problema do cinismo. Podemos partir das exigências de validade de uma norma moral com expectativas universais de validade como o princípio de tolerância. Podemos também afirmar que, na significação do princípio, já encontramos, aparentemente, a designação de um modo de ação: o respeito ao outro em sua singularidade. Ou seja, o princípio e sua prática procedurial já portariam em si algo como uma validade semântica.

Mas, "em certas situações especiais", para defender o princípio de tolerância, eu posso ser levado a ser intolerante com aqueles que são contra o princípio de tolerância. Em defesa da tolerância, eu posso ser levado a expulsar os intolerantes da minha comunidade. Desta forma, posso continuar sendo tolerante na dimensão dos critérios normativos mesmo sendo intolerante na dimensão da ação, isso sem contradição performativa.

Por sinal, esse foi o caso da extrema direita holandesa encarnada por Pim Fortuyn, morto dias antes da eleição que o levaria ao poder nesse que é o país formalmente mais tolerante do mundo. Sua própria figura era um exemplo maior do que procuramos apreender. Tratava-se de um populista de direita cuja grande parte das características pessoais e opiniões eram politicamente corretas: era homossexual assumido, tinha boas relações com imigrantes, um senso inato para a ironia etc. No entanto, o núcleo do seu discurso era: "Os Países Baixos alcançaram um alto grau de tolerância e liberdade. Não podemos perder tudo isto deixando que árabes intolerantes venham para cá. Em nome da tolerância, devemos então ser intolerantes contra os intolerantes. Nós já fomos muito tolerantes com a intolerância". Exemplo didático deste cinismo que problematiza ao extremo a indexação entre significação da Lei e designação do caso.

Seria reconfortante imaginar que tais formas de inversão seriam obra apenas de esquizofrênicos sociais que se transvestem de radicais de extrema direta. No entanto, isso é longe de ser o caso. Poderia continuar arrolando exemplos estruturalmente semelhantes como declarações do então primeiro-ministro trabalhista Tony Blair a respeito do "dever de integração" que cai sobre os ombros de todo muçulmano que resolveu emigrar à Grã-Bretanha, discussão sobre a integração motivada pela eterna querela a respeito do porte de véus em lugares públicos: "Nossa tolerância", dirá Blair, "é parte do que faz da Grã-Bretanha, Grã-Bretanha. Conforme-se a isto ou não venha para cá. Nós não queremos os 'hate-mongers' independente de sua raça, religião ou credo".[3] O que devemos dizer nesse caso é que "conforme-se a isto ou não venha para cá" é, de fato e como todos podem ver, um exemplo muito ilustrativo de tolerância.

Que os nossos dois exemplos sejam estruturalmente semelhantes por dizerem respeito à tolerância intolerante das nossas sociedades multiculturais em relação às massas de imigrantes, eis algo que não é um acaso. Lembremos inicialmente como há algo extremamente instrutivo a respeito desses exemplos. Conhecemos várias análises sobre a pretensa especificidade dos modos de racionalização de países periféricos em relação aos centros hegemônicos do capitalismo mundial. Nesses países e regiões, a regra teria sido a importação de valores modernizadores no interior de realidades sociais refratárias e arcaicas. No entanto, ao invés de um "choque de modernização", produziu-se o mais das vezes um desenvolvimento desigual e combinado no interior do qual as idéias parecem estar sempre em descompasso em relação a seus destinatários e à efetividade. Descompasso cuja estetização perfeita seria a ironização que denuncia o formalismo de um sistema de idéias que acaba por se adaptar a uma realidade social que lhe seria naturalmente contrária.

Todos conhecemos esse instrutivo esquema próprio a uma reflexão sobre o caráter "fora de lugar" das idéias em sociedades periféricas. Um caráter que também pode dar conta de situações coloniais nas quais valores modernizadores metropolitanos são mobilizados para legitimar ações que normalmente lhe seriam contrárias. Situações que acabam por consolidar estruturas sociais duais que indicam a coexistência e a determinação recíproca do Centro e da Periferia no mesmo espaço social. Tal determinação recíproca serviu para indicar como a racionalização de países periféricos teria produzido uma espécie de estrutural normativa dual na qual a Lei enunciada é sempre acompanhada de uma espécie de duplo subentendido que regula os processos efetivos de interação no campo social. Como se essa situação periférica desvelasse a verdade do formalismo de uma civilização liberal capitalista capaz de

---

[3] THE GUARDIAN, 9 de dezembro de 2006.

forjar valores capazes de conviver com determinações muitas vezes contraditórias.

Mas o que significa encontrarmos tais estruturas normativas duais regulando os processos de interação social em países ditos "centrais", como se agora a lógica das relações coloniais das antigas metrópoles aparecesse como o modo hegemônico de funcionamento social das próprias antigas metrópoles? Seria um caso de esvaziamento gradativo da substância normativa da ordem constitucional ou estaríamos diante de algo mais essencial, algo que diz respeito à própria dinâmica dos modos de racionalização e modernização no capitalismo avançado?

"Algo mais essencial" não está aqui por acaso. Podemos nos perguntar se esse fenômeno que encontramos hoje de maneira cada vez mais hegemônica não seria o destino ineluctável de certo modo de compreender processos de racionalização como processos de normatização e de constituição de quadros normativos tacitamente partilhados. Talvez estejamos tão acostumados a compreender racionalidade como normatividade que nos espantamos com situações nas quais o acordo intersubjetivo em relação a critérios e valores não nos leve a um acordo em relação aos modos de aplicação de tais critérios e valores.

É verdade que, a princípio, afirmações dessa natureza parecem absolutamente inconsistentes. Pois é sempre possível contra-argumentar dizendo que a simples definição de uma enunciação como "cínica" já pressupõe a identificação de contradições entre as condições transcendentais-normativas de julgamento de um enunciado (ou "condições ideais de fala intersubjetivamente partilhadas", se quisermos falar como Habermas) e seu modos regulares de aplicação. Dizer que um ato de fala é cínico já implica reconhecimento da contradição entre fato e Lei. Nossa própria definição do cinismo como indexação de valores e critérios normativos a casos que invertem a significação normalmente pressuposta parece falha. Pois falar em "significação normalmente pressuposta" implica necessariamente aceitar a existência de coordenadas gerais e seguras de indexação entre enunciados, intenções, estrutura da ação e estados de coisas.

Essa aceitação da existência de coordenadas gerais e seguras de indexação é normalmente defendida relembrando discussões a respeito da centralidade de noções similares ou convergentes com o conceito de *background* na compreensão dos processos de produção do sentido. Ou seja, podemos lembrar da pressuposição, em todo ato de fala, de um "sistema de expectativas" fundamentado na existência de um saber prático cultural e de um conjunto de pressupostos que define, de modo pré-intencional, o contexto de significação.

No entanto, gostaria de insistir que isso não pode servir como elemento para impedir a compreensão dos processos de interversões de indexações característico do cinismo como exposição de problemas estruturais em nossos modos de racionalização da dimensão prática. Primeiro, faz-se necessário lembrar que o *background* fundamenta princípios de conversação cooperativa em operação *nos usos ordinários da linguagem*. De fato, ele pode fornecer coordenadas gerais e seguras de indexação entre enunciados, intenções, estrutura da ação e estados de coisas. Mas tais coordenadas funcionam de maneira segura apenas nos limites dos usos ordinários da linguagem e é um erro maior acreditar que a definição do modo de aplicação de valores e critérios de racionalização siga a lógica presente no uso ordinário da linguagem. Tanto é assim que, volto a este ponto, podemos estar de acordo a respeito de critérios e valores intersubjetivamente partilhados sem necessariamente estar de acordo a respeito de seus modos de aplicação e dos casos corretos que por eles podem ser indexados. Ou seja, estar de acordo a respeito de critérios e valores não implica estar de acordo a respeito das estruturas de aplicação entre normas de aspiração universalizante e casos concretos. Podemos muito bem aceitar que as ordenações da sociedade "não são constituídas *independentemente de toda validez*, como as ordenações da natureza, em face das quais só adotamos uma atitude objetivante" (HABERMAS, 1989, p. 81). Mas não se segue daí que a existência de atores e ações capazes de seguir ou satisfazer as normas possa garantir seus modos de indexação.

Na verdade, nada nos permite pressupor a existência de algo parecido a um *background* capaz de orientar nossos julgamentos em situações complexas que envolvem significação de valores e modos de aplicação de critérios normativos de aspiração universalizante. Situações desse tipo não podem ser desproblematizadas através do recurso ao esclarecimento de contextos já que não estamos de acordo sequer a respeito da *extensão* e da determinação de tais contextos. Sempre haverá os que contra-argumentarão dizendo que valores e critérios normativos não têm apenas realidade sintática, mas realidade semântica, sua significação aparece como largamente não problemática. Mas novamente poderíamos insistir que o fato do sentido de um conjunto de valores ser intersubjetivamente partilhado não implica uma partilha de significado, ou seja, de relação à referência, de relação ao caso. As distinções clássicas entre sentido (*Sinn*) e significado (*Bedeutung*) podem ser úteis neste contexto. Saber o sentido não implica necessariamente saber a referência, quais referências são adequadas e quais não o são.

Poderíamos ainda contra-argumentar afirmando que problemas de indexação entre critérios, valores e fatos podem ser normalmente resolvidos valendo-se procedimentos similares à noção jurídica de "criar jurisprudência", ou seja, decisões anteriores aparecem como campo de constituição de um núcleo de experiências que tendem a direcionar decisões posteriores, criando assim um *processo,* no sentido forte do termo.[4] Esta tendência não implica ignorar toda possibilidade posterior de redirecionar, através do "uso público da razão", tal processo de determinação dos modos de indexação de critérios, valores e fatos.

Contra esse modo de tentar resolver a questão, devemos mostrar que o campo pressuposto por decisões passadas não tem estruturalmente a força de retirar a indeterminação de decisões futuras *porque as indeterminações não foram resolvidas sequer nas decisões passadas.* Para que tais indeterminações estivessem ausentes, seria necessário aceitar que decisões passadas, além de terem sido produzidas em contexto de partilha intersubjetiva, isto no sentido de terem sido vistas como modos bemsucedidos de aplicação de regras, construíram procedimentos e critérios não-problemáticos de inferência e universalização, a não ser que estejamos dispostos a "naturalizar" tais critérios, como se tivéssemos uma gramática natural dos modos de relação. Mas nada disso é certo. E talvez nada disso seja certo porque tomar uma decisão reconhecidamente legítima é um processo ligado a um princípio de soberania, e não a um princípio de adequação normativa. Veremos mais à frente o que essa distinção pode significar.

Nesse sentido, podemos dizer que o cinismo é um modo de exposição de certas questões centrais na compreensão da racionalidade como normatividade. Digamos que, a partir do momento em que se pressupõe uma transparência entre significação e práticas proceduriais de aplicação de critérios e valores, o cinismo transforma-se em um problema insolúvel. Pois tudo se passa como se o ato cínico afirmasse que tal transparência existe, mas ela foi mal compreendida, ou foi compreendida de maneira muito "rápida", muito "ingênua". Faz-se necessário desdobrar as mediações, desdobrar as inferências. A Lei é clara, diz o cínico, e, se seguirmos seu espírito, veremos que ela pode justificar casos que lhe pareciam opostos. Como dizia Sade, é possível fundar até mesmo um estado de libertinos a partir de valores universais republicanos intersubjetivamente partilhados.

---

[4] Como se valesse aqui o que Robert Brandom falou a respeito do modo de funcionamento da normatividade no interior da filosofia hegeliana: "A autoridade das aplicações passadas, que instituíram a norma conceitual, é administrada em seu nome por aplicações futuras, que incluem, por sua vez, apreciações sobre tais aplicações passadas" (BRANDOM, *Tales of the mighty dead*, Harvard University Press, 2002, p. 230).

Poderíamos aqui concordar com Slavoj Zizek e afirmar que tudo isso só demonstra como a fórmula cínica "eles sabem o que fazem, e continuam a fazê-lo" ignora que o desconhecimento ideológico não está na dimensão do "saber" da consciência, mas na estruturação das condições de significação da *praxis,* ou seja, na dimensão do "fazer".[5] Pois, como dizia Althusser, a ideologia não é uma questão de falsa consciência, mas uma questão de repetição de rituais materiais.

No entanto, devemos completar tal raciocínio com um elemento fundamental: essa fantasia ideológica que estrutura as configurações da ação só pode ganhar consistência se não entrar em contradição performativa com os critérios normativos de julgamento intersubjetivamente partilhados e presentes no saber da consciência. Assim, se é verdade que: "O cínico vive da discordância entre os princípios proclamados e a prática – toda a sua sabedoria consiste em legitimar a distância entre eles" (ZIZEK, 1992, p. 60), então devemos levar às últimas conseqüências a idéia de que o cinismo é *uma contradição posta que é, ao mesmo tempo contradição resolvida,* ou antes, aproveitando a formulação de Zizek, uma estranha "discordância legitimada". Este é o ponto realmente central: compreender como é possível ao cinismo sustentar-se como discordância legitimada.

KANT COM KOJÈVE E O IMPERADOR JULIANO

Antes de avançarmos neste ponto, vale a pena retornar ao problema da ironização, ou seja, essa compreensão de que estamos diante de uma realidade que, por não se adequar a seus próprios critérios de justificação, não pode ser levada a sério, devendo a todo momento ser invertido e pervertida. Podemos aproximar tal problemática da definição do cinismo como um problema de indexação entre Lei normativa, valores e caso concreto. Tal aproximação serve para lembrar que seria incorreto dizer simplesmente que o cinismo aparece como problema a partir do momento em que realidades sociais não respondem mais a expectativas normativas que aspiram validade universal. Como se o cinismo fosse o simples reconhecimento do fracasso de processos de racionalização da realidade social. Ao contrário, a ironização própria ao cinismo vem da compreensão de que realidades e ações que pareciam

---

[5] O que o próprio Marx já sabia claramente ao afirmar: "É verdade, a descoberta tardia pela ciência de que os produtos do trabalho, na medida em que são valores, apenas exprimem sob forma de coisas um trabalho humano dispensado na produção, é uma descoberta que fez data na história do desenvolvimento da humanidade, mas ela não dissipou em nada a aparência de objeto que tem as características sociais do trabalho".

não se conformar a expectativas normativas podem, ao contrário, aparecer como realização última de tais expectativas. Nesse sentido, o cinismo, a sua maneira, *realiza ao inverter* nossos modos de indexação entre critérios normativos e conseqüências da ação. *Ironização significa não apenas ruptura entre expectativas de validade e determinações fenomenais,* mas também reconstrução de tal relação.

Alexandre Kojève nos fornece um exemplo precioso a respeito dessa noção de cinismo como ironização de condutas e inversão de modos de indexação. Trata-se do seu comentário sobre a arte de escrever do imperador Juliano (KOJÈVE, 2000), comentário que, a sua maneira funciona como mais um capítulo de uma polêmica maior envolvendo Kojève e Leo Strauss. Em *Perseguição e a arte de escrever,* Leo Strauss sublinhava como não devíamos tomar ao pé da letra tudo o que tinham escrito os grandes autores do passado, nem acreditar que eles tinham explicitado em seus escritos tudo o que queriam dizer. A arte antiga redescoberta por Leo Srauss consistia em escrever o contrário do que se pensa, tal como na ironia. Tal estratégia obedecia a uma dupla função: escapar à censura e, sobretudo, formar uma elite.

Kojève vê o exemplo perfeito dessa arte de escrever nos textos do imperador Juliano. Juliano é um imperador que se encontra diante do seguinte paradoxo: ateu convicto e esclarecido, ele, enquanto imperador, deve ser chefe da religião pagã de Estado. Conservar essa religião popular é ainda, segundo ele, modo de conservar a unidade do Estado contra a sedição cristã. A solução será mostrar, a uma elite capaz de 'bem entender', que ele não escreve tudo o que pensa nem pensa tudo o que escreve. Pois, como dirá o próprio Juliano: "Não devemos tudo dizer; e mesmo sobre aquilo que podemos dizer, faz-se necessário esconder algumas coisas para a grande massa".[6] Seus escritos sobre a religião serão assim paródias que, devido ao caráter contraditório de suas construções e mitos, denunciam, para uma elite esclarecida, que o próprio poder critica ironicamente as idéias que divulga. Nesse sentido, Juliano não oculta a verdade, ao contrário, ele demonstra que a maneira correta de enunciá-la é através da ironização absoluta do que então fundamenta as esferas sociais de valores, ou seja, a religião.

Há algo de profundamente astuto nesse exemplo e que certamente não passou despercebido a Kojève. Pois, de certa forma, poderíamos compreender o aparente paradoxo próprio ao imperador Juliano como uma versão inesperada da distinção entre uso público e uso privado da

---

[6] JULIANO, *Discurso contra Heráclios,* 239 ab *apud* KOJÈVE, *idem.*

razão que marca *Was ist Aufklärung?*, de Kant. Conhecemos todos o exemplo clássico de Kant neste pequeno texto. Diante dos membros de sua paróquia, o religioso deve se contentar com um uso privado da razão que o obriga a obedecer, mesmo sem acreditar, às injunções e normas próprias ao papel que ele desempenha como membro de instituição social. Aqui, a razão deve submeter-se à aplicação de regras e a certos fins particulares. Mas, diante da "totalidade do público do mundo leitor", diante desse público esclarecido para o qual posso aparecer como cientista (*Gelehrte*), como membro da humanidade racional, tenho todo o direito de fazer uso público da razão com todo o seu potencial crítico. Um uso que, no seu horizonte, poderá produzir o consenso intersubjetivo necessário para chegar à posterior modificação das normas que guiam o funcionamento social das instituições. Maneira de garantir o poder de racionalização da reflexão sem colocar em risco o fundamento institucional dos processos de interação social. Ou poderíamos dizer, juntamente com Foucault: maneira de passar ao largo da relação complexa entre crescimento da autonomia e intensificação de relações de poder (FOUCAULT, 1985).

E o que faz Juliano? Mesmo sem acreditar, ele desempenha o papel que lhe cabe de chefe da religião de Estado. Neste contexto, ele obedece à injunção iluminista de contentar-se com um uso privado da razão. O que não impede de se endereçar à "totalidade do público do mundo leitor" por meio de seus escritos, fazendo um uso público da razão e procurando, com isso, criar um consenso intersubjetivo sobre a precariedade, sobre o déficit de legitimidade das injunções e normas obrigatórias para o funcionamento das instituições sociais. O resultado aqui é um regime peculiar de *Sapere aude!*

Não é difícil perceber que a peculiaridade de tal exigência de saber vem do fato do trabalho de esclarecimento pressuposto pela capacidade de ironizar os mitos religiosos não produzir, como poderíamos esperar, a queda do poder da religião devido ao esforço de racionalização. Ao contrário, a posição dos mitos religiosos como aparência perpetua a *necessidade funcional* da partilha desses mitos no interior da vida social. Notemos que, dessa forma, realidades e ações que pareciam não se conformar a expectativas normativas de racionalidade esclarecida podem, ao contrário, aparecer como realização última de tais expectativas.

Nesse sentido, chegaríamos a uma situação tipicamente cínica se pensássemos, por exemplo, em um momento histórico no qual a elite esclarecida seria do tamanho exato da população do Império. Ou seja, momento que já disseminou o esclarecimento. Nessa situação, a paródia do poder nunca terminaria; primeiro, porque haveria sempre um *sujeito-suposto-crer,* alguém que sempre crê no meu lugar legitimando a necessidade da ideologia; segundo, porque os conteúdos ideológicos seriam ironizados e postos como aparência que não seriam nada mais do que aparência, e por isso, já marcados pela crítica. Assim, todos os sujeitos seriam esclarecidos mas *agiriam como se não soubessem,* todos seriam ateus mas continuariam objetivamente a dobrar os joelhos mesmo que tal ato não fosse motivado por nenhuma crença nos mitos socialmente partilhados. Ou antes, continuariam a dobrar os joelhos exatamente em razão de o ato não exigir mais crença alguma. Nesse sentido, chegaríamos facilmente a uma das definições clássicas do cinismo: *falsa consciência esclarecida* ou ainda *ideologia reflexiva.* Notemos ainda que não podemos falar aqui em transgressão de critérios normativos de enunciação, e muito menos em contradição performativa. Juliano não diz outra coisa do que faz; ao contrário, ele justifica de maneira consistente o que faz, e pode assim continuar a fazê-lo sem culpa.

QUANDO ROMPER A NORMA É SEGUIR A NORMA

Uma discussão rica em conseqüências para tais problemas vinculados às estruturas da racionalidade cínica foi levada a cabo por Giorgio Agamben a ocasião do problema do estado de exceção. Se definirmos o cinismo como uma enunciação da verdade que anula a força perlocucionária da própria enunciação ou (o que é um caso simétrico) como uma indexação de valores e critérios normativos a casos que invertem a significação normalmente pressuposta, então já podemos compreender como o problema da exceção é um elemento maior no interior de uma reflexão sobre a razão cínica. Pois a discussão de Agamben a respeito do estado de exceção nos leva a uma lógica na qual o ordenamento jurídico legaliza sua própria suspensão.

Essa lógica quer ser vista como constitutiva do quadro mesmo de fundamentação do ordenamento jurídico na modernidade ocidental. Criada, em 1791, pela tradição democrático-revolucionária da Assembléia Constituinte francesa sob o nome de "estado de sítio", a figura de um quadro legal para a suspensão da ordem jurídica em "casos extremos" aplicava-se inicialmente apenas às praças-fortes e portos militares. Mas, já em 1811, com Napoleão, o estado de sítio podia ser declarado pelo imperador a despeito da situação efetiva de uma cidade estar sitiada ou ameaçada militarmente. A partir de então, vemos um progressivo desenvolvimento de dispositivos jurídicos semelhantes na Alemanha, na Suíça, na Itália, no Reino Unido e nos EUA, que serão aplicados, durante os séculos 19 e 20, em situações variadas de emergência política ou econômica. O caso mais recente dessa lógica de generalização do estado de exceção foi obra do governo francês que, em 2006, como resposta às manifestações de descontentamento social nas periferias das grandes cidades, colocou o país sob situação de emergência.

Giorgio Agamben compreende tal desenvolvimento como a manifestação de um processo de generalização dos dispositivos governamentais de exceção. O que nos explicaria porque "a declaração do estado de exceção é progressivamente substituída por uma generalização sem precedentes do paradigma da segurança como técnica normal de governo" (AGAMBEN, 2005, p. 27-28). Processo esse que teria sido o motor invisível das democracias ocidentais. Daí porque ele insiste que a exceção não é uma lógica exclusiva de estados totalitários, mas criação da tradição democrático-revolucionária ocidental.

No entanto, se é fato que estaríamos aí diante de um paradigma constitutivo da ordem jurídica, então devemos ver, no problema colocado pela exceção, a exposição de uma estrutura "sintomática" própria a modos privilegiados de racionalização das esferas sociais de valores na modernidade. Pois a compreensão de que a ordem jurídica pode incluir sua própria exceção sem, no entanto, deixar de estar em vigor nos remete, necessariamente, a modos de racionalização através da posição de estruturas normativas capazes de indexar casos que suspendem o próprio funcionamento de tais estruturas, sem que isso seja uma contradição. A exceção indica que o fundamento da Lei é aquilo que pode manifestar-se de maneira negativa, transgredindo a própria Lei, sem fazer com que ela deixe de estar em vigor. Assim, "um dos paradoxos do estado de exceção quer que, nele, seja impossível distinguir a transgressão da Lei e a sua execução" (AGAMBEN, 2002, p. 65). Pois se a norma pode ser suspensa sem, no entanto, deixar de estar em vigor, é porque seu regime de aplicabilidade pode englobar sua própria suspensão, sua significação não reconhece um campo seguro de indicações. Como se a dinâmica entre violência instituinte e violência instituída fosse interna ao próprio funcionamento normal da Lei.

No fundo, uma das referências silenciosas maiores para tal reflexão de Agamben é Georges Bataille. Grosso modo, Bataille procurava pensar certa solidariedade entre transgressão e interdito enunciado pela Lei que encontramos em estruturas sociais marcadas por uma experiência do sagrado e do erotismo estranha para o mundo "desencantado" da modernidade. Tais estruturas sociais fundam-se em uma normatividade que aceita e regula sua própria suspensão temporária: "Não há interdito que não possa ser transgredido. Muitas vezes a transgressão é admitida, muitas vezes ela chega mesmo a ser prescrita" (BATAILLE, 1960, p. 71). Ou seja, a transgressão é modo de funcionamento do vínculo social, isso na medida em que a transgressão não é um retorno à natureza, ela é uma forma da norma internalizar momentos de anomia, sem com isso destruir-se. Assim, a redução da vida a um fluxo contínuo de formas em momentos de anomia não parece se opor ao ordenamento jurídico. Daí porque Bataille pode afirmar que: "A transgressão suspende o interdito sem suprimi-lo". O esclarecido imperador Juliano não diria outra coisa.

Como foi afirmado, costumamos aceitar que a meta da Razão consistiria em fornecer condições para a racionalização das esferas de valores mediante o estabelecimento de estruturas normativas capazes de determinar condições ideais-reguladoras e, no horizonte, realizar a promessa de um ordenamento jurídico justo. A compreensão de que o estado de exceção é cada vez mais a regra do funcionamento do poder legal é apenas uma das figuras da falência desse modo de compreender racionalização idealmente como constituição de normatividades. Falência cujo nome correto é cinismo. O mesmo cinismo que anima afirmações paradigmáticas e cada vez mais usuais como: "Nenhum sacrifício pela nossa democracia é demasiado grande, menos ainda o sacrifício temporário da própria democracia".[7] Não me parece necessário arrolar aqui uma seqüência interminável de exemplos que parecem realizar tal lógica.

Gostaria apenas de insistir que não se trata aqui de um problema de aplicação entre norma e caso que poderia ser resolvido através do esclarecimento progressivo dos critérios que orientam o exame de validade da norma. Se a norma pode ser suspensa sem, no entanto, deixar de estar em vigor, é porque seu regime de aplicabilidade pode englobar sua própria suspensão, sua significação não reconhece um campo seguro de designações. Daí porque podemos seguir Agamben e lembrar que "o conceito de aplicabilidade é certamente uma das categorias mais problemáticas da teoria jurídica", já que "a relação entre norma e realidade implica a suspensão da norma, assim como, na ontologia, a relação entre linguagem e mundo implica a suspensão da denotação sob a forma de uma *langue*".[8]

---

[7] ROSSITER, *Constitutional Dictatorship. Crisis Government in the Modern Democracies*, p. 318 *apud* AGAMBEN, *Estado de exceção*, p. 22

[8] AGAMBEN, *idem*, p. 93. Neste sentido, parece-nos que o problema do estado de exceção é um contraponto a idéias como: "A história dos direitos fundamentais nos Estados constitucionais modernos dá uma quantidade de exemplos do fato que as aplicações de princípios, desde que sejam reconhecidos, de modo nenhum oscilam de situação para situação, mas seguem, si, um curso orientado. É o próprio conteúdo universal dessas normas que traz à consciência dos concernidos, no espelho de faixas de interesses cambiantes, a parcialidade e a seletividade das aplicações" (HABERMAS, 1989, p. 128).

De fato, a relação entre o geral da norma e o particular do caso não pode ser pensado como uma subsunção lógica. No entanto, se passarmos ao domínio da práxis, veremos que essa relação, por sua vez, não pode apelar a sistemas partilhados e não-problemáticos de expectativas de indexação entre estados de coisas, intenções e critérios normativos. Como havia dito, nada nos permite pressupor a existência de um *background* capaz de orientar nossos julgamentos em situações complexas que envolvem significação de valores e modos de aplicação de critérios normativos de aspiração universalizante. Pode parecer com isso que entramos em uma aporia incapaz de definir como podemos afinal nos orientar racionalmente no agir. No entanto, apenas chegamos à conclusão de existir uma problematização para a qual convergem uma crítica às dinâmicas de racionalização pensadas com base em exigências de legitimidade dependentes da posição de estruturas normativas e uma teoria da ideologia não mais dependente de noções como reificação e falsa consciência. Essa problematização organiza-se a partir da temática do cinismo. Pensá-la em toda sua extensão é uma tarefa urgente.

REFERÊNCIAS

ADORNO. *Beitrage zu Ideologielehre in Soziologische Schriften I*. Frankfurt: Suhrkamp, 1999.

AGAMBEN. *Estado de exceção*. São Paulo: Boitempo, 2005.

AGAMBEN. *Homo sacer*. Belo Horizonte: Editora da UFMG, 2002.

ARANTES. Paradoxo do intelectual. In: *Ressentimento da dialética*. São Paulo: Paz e Terra, 1996.

AUSTIN. *Philosophical papers*. Oxford University Press, 1961.

AUSTIN. Quando dizer é fazer. *Artes Médicas*, Porto alegre, 1983.

BATAILLE. *L'érotisme*. Paris: Minuit, 1960.

BRANDOM. *Tales of the mighty dead*. Harvard University Press, 2002.

DELEUZE. *Présentation de Sacher-Masoch*. Paris: Minuit, 1969.

FOUCAULT. *Histoire de la sexualité II*. Paris: Gallimard, 2000.

FOUCAULT. What is enlightment? In: *Dits et écrits II*. Paris: Gallimard, 1985.

FREUD. *Der Witz und seine beziehung zum Unbewustssein*. Frankfurt: Fischer, 1998.

HABERMAS. *Consciência moral e agir comunicativo*. Rio de Janeiro: Tempo Brasileiro, 1989.

KOJÈVE. *L'empereur Julien et son art d'écrire*. Paris: Fourbis, 2000.

PRADO JR., Bento. *Alguns ensaios*. São Paulo: Paz e Terra, 2000.

RYLE. *The concept of mind*. Londres: Penguin Books, 2000.

SEARLE. *Intencionalidade*. São Paulo: Martins Fontes, 2002.

SEARLE. *Speech acts*. Cambridge University Press, 1969.

SLOTERDIJK. *Critique de la raison cynique*. Paris: Christian Bourgois, 1987.

ZIZEK. *Eles não sabem o que fazem*. Rio de Janeiro: Jorge Zahar, 1992.

ZIZEK, Slavoj. Fétichisme et subjectivation interpassive. *Actuel Marx*, n. 34, 2003.

SOBRE OS AUTORES

DOUGLAS GARCIA ALVES JÚNIOR

Doutor em Filosofia pela UFMG, é professor da Faculdade de Ciências Humanas da Universidade FUMEC. Autor de *Depois de Auschwitz: a questão do anti-semitismo em Theodor W. Adorno* (FUMEC/ Annablume, 2003) e *Dialética da vertigem: Adorno e a filosofia moral* (FUMEC/Escuta, 2005).

RICARDO J. B. BAHIA

Mestre em Filosofia pela UFMG, é professor da Faculdade de Ciências Humanas da Universidade FUMEC, onde é coordenador do curso de Pedagogia. Autor de *Das luzes à desilusão: o conceito de indústria cultural em Adorno e Horkheimer* (FUMEC/ Autêntica, 2004).

RICARDO BARBOSA

Professor do Departamento de Filosofia da UERJ, é doutor em Filosofia pela PUC/RJ. Autor dos livros: *Dialética da reconciliação: estudo sobre Habermas e Adorno* (Uapê, 1996), e *Schiller e a cultura estética* (Jorge Zahar, 2004). É co-organizador de *Filosofia prática e modernidade* (EdUERJ, 2003) e tradutor e organizador de edições de duas obras de Schiller: *Kallias ou sobre a beleza: a correspondência entre Schiller e Körner, janeiro-fevereiro de 1793* (Jorge Zahar, 2002), e *Fragmentos das preleções sobre Estética do semestre de inverno de 1792-1793* (Editora UFMG, 2004).

RODRIGO DUARTE

Doutor em Filosofia pela Universidade de Kassel, é professor do Departamento de Filosofia da UFMG. Entre seus livros, destacam-se: *Mímesis e Racionalidade* (Loyola, 1993), *Adornos* (Editora UFMG, 1997), e *Teoria Crítica da Indústria Cultural* (Editora UFMG, 2003). É co-organizador de diversas coletâneas que reúnem textos apresentados em eventos internacionais bianuais de estética promovidos pela Linha de Pesquisa "Estética e Filosofia da Arte" (do Programa de Pós-Graduação em Filosofia da FAFICH/UFMG), dos quais os mais recentes são *Theoria Aesthetica: em comemoração ao centenário de Theodor W. Adorno* (Escritos, 2005) e *Kátharsis: reflexos de um conceito estético* (C/Arte, 2002).

VIRGINIA FIGUEIREDO

Doutora em Filosofia pela Universidade de Estrasburgo, é professora do Departamento de Filosofia da UFMG. Autora de diversos artigos em revistas e coletâneas, é co-organizadora, entre outros, de *Kátharsis: reflexos de um conceito estético* (C/Arte, 2002) e de *Theoria Aesthetica: em comemoração ao centenário de Theodor W. Adorno* (Escritos, 2005). Organizou e traduziu, juntamente com João Camillo Penna, o livro *A imitação dos modernos* (Paz e Terra, 2000), de Philippe Lacoue-Labarthe.

OLÍMPIO PIMENTA

Professor do Departamento de Filosofia da Universidade Federal de Ouro Preto, é doutor em Literatura Comparada pela UFMG. Autor dos livros: *A invenção da verdade* (Editora UFMG, 1999), *Razão e conhecimento em Descartes e Nietzsche* (Editora UFMG, 2000), e *Livro de filosofia: ensaios* (Tessitura, 2006).

GUILHERME MASSARA ROCHA

Psicanalista, doutorando em Filosofia pela USP, é professor do Departamento de Psicologia da UFMG. Autor de diversos artigos em revistas e coletâneas, é co-organizador dos livros *O tempo, o objeto e o avesso: ensaios de filosofia e psicanálise* (Autêntica, 2004) e de *O futuro de um mal-estar* (Opera Prima, 2000).

VLADIMIR SAFATLE

Doutor em Filosofia pela Universidade de Paris VIII, é professor do Departamento de Filosofia da USP. Autor de *A paixão do negativo: Lacan e a dialética* (Editora UNESP, 2006) e organizador de *Um limite tenso: Lacan entre a filosofia e a psicanálise* (Editora UNESP, 2003).

ANTÔNIO ÁLVARO SOARES ZUIN

Doutor em Educação pela UNICAMP, é professor adjunto do Departamento de Educação da UFSCar, coordenador do Grupo de Estudos e Pesquisa: Teoria Crítica e Educação/UFSCar, pesquisador CNPq e Assessor FAPESP. Autor, entre outros, dos livros *O trote na universidade: passagens de um rito de iniciação* (Cortez, 2002), e *Indústria cultural e educação: o novo canto da sereia* (Autores Associados/FAPESP, 1999).

Qualquer livro do nosso catálogo não encontrado nas livrarias pode ser pedido por carta, fax, telefone ou pela Internet.

Rua Aimorés, 981, 8° andar – Funcionários
Belo Horizonte-MG – CEP 30140-071

Tel: 55 (31) 3222 6819
Fax: 55 (31) 3224 6087
Televendas (gratuito): 0800 2831322

vendas@autenticaeditora.com.br
www.autenticaeditora.com.br

Este livro foi composto com tipografia baskerville, e impresso em papel chamois 75g na Sermograf.
Belo Horizonte, setembro de 2007.
